新生代美术教育家书系　主编/尹少淳

中国传统审美意象与美术教育

● 秦华　著

西南师范大学出版社
国家一级出版社　全国百佳图书出版单位

序

任子弹落，让子弹飞

● 尹少淳

春夏秋冬，寒暑冷暖，日出日落，昼白夜黑，生物因寒暑而变化，因昼夜而动伏，不觉岁月如水，生命已至尽头。如此代代繁衍，生生不息，演绎着生命的故事，演奏着生命的乐章，给静寂之宇宙增添了无尽的生气和温暖。

独人为智慧之生物，乃发明“时间”以为衡量岁月之尺度，秒、分、时、日、周、月、年、世纪……于是“时间”成为自觉，既往可以扼腕叹息，未来可以引颈期待。以“时间”为参照和想象，可以加速，可以延缓。时间虽然是客观的，也是主观的，时间会因为我们的心情、态度而产生种种变化。时间如一间房子，或空空荡荡，或密密塞塞，或空或塞，端赖人之所为。

“代”是个时间概念，可以是历史划分的时期，譬如时代、世代、古代、近代；也可以是世系的辈分，譬如上一代、下一代。何谓一代，却并不确定。一代可以是数百年、数十年甚至数年、数月，信息时代之代际时间跨度越来越短。相对不同的事物，“代”的涵义并不相同。战机可以分为第一代、第二代、第三代，现在最先进的战机已臻第五代。

介乎于第四代和第五代，甚至出现了四代半战机。无线上网的标准乃根据上网之速率、容量及稳定性来划分，在经历了几代的发展之后，现在已经到了4G，而且5G已是指日可待。虽然每一代的差别难以明确界定，但代际之间都会有台阶性的进步。

人是如何分代呢？就家族而言，以吾辈为参照，父母是一代，其上的祖辈是一代；儿女是一代，其下的孙辈又是一代。过去结婚早，生育早，四代同堂的现象不鲜见；现在虽然人更加长寿，但因为结婚晚，生育迟，四代同堂的现象同样并不鲜见。学人的分代，虽然跟年龄相关，但更体现为师承和集群的意义。一般而言，老师和学生应该属于两代学人的关系，比如季羡林先生与钱文忠先生作为师生应该算作两代学人了。所谓集群，则在一个学术时代，有一群学人在一个学术现象和学术高峰中共同发挥着“加薪添柴”的作用。就如同20世纪50年代至80年代中期的“美学热”时出现的朱光潜、蔡仪、李泽厚、王朝闻、高尔泰等学人，尽管年龄差别很大，而且其中如朱光潜在20年代第一次美学热的时候就已经能呼气为云了，但依然可以从集群的角度归为一代。

取名“新生代美术教育家书系”，自然需要弄清楚什么是“新生代”。

“新生代”首先是一个自然科学的概念，主要在地质学上运用。“新生代”主要指距今6500万年地球历史上最新的一个地质年代。其前期被称为中生代，中生代的结束以恐龙的灭绝为标志。新生代时期形成了被称为新生界的地层，以哺乳动物和被子植物的高度繁盛为特征。生物界逐渐呈现了现代的面貌，所谓新生代，也即现代生物时代。作为社会意义的概念，“新生代”的用法广泛而模糊。“新生代歌手”“新生代农民工”“新生代作家”……都是我们耳熟的说法。概而言之，在社会学的语境中，新生代是一个相对的概念，相对于老一代而言，大致指称最新的一代，朝气蓬勃，富有锐气和创新精神，或许又隐含着些许不成熟的意味。

在美术教育理论研究领域的“新生代”又是何指呢？

不可否认，中国的美术教育研究自近代以来就出现过一些卓有贡献的美术教育理论家，如姜丹书、丰子恺等。但在前期，代与代之间并不存在“泾渭分明”的现象，似乎从1949年之后，代际的轮廓才开始变得略微清晰。尽管如此，我还是主张以一种模糊的态度加以区分，因为这样可以避免一些因认识上的差异而产生的争议。1949年以后的第一代美术教育理论家差不多已经作古，第二代中的一部分人也已谢世，在世的一般都在70岁以上。第三代在60岁左右，抵近或超过退休的年龄，已经或将要陆续离开工作岗位。此后一代的理论家大致就是我意指的“新生代美术教育家”了。

这套书系的作者，也即所谓“新生代的美术教育家”，他们大致有如下特点：其一，年龄跨度较大，最大的在40多岁，最小的也在30岁左右；其二，基本上在高校从事美术教育的教学和研究工作；其三，大多数均有博士或硕士学位；其四，也是最重要的是他们对美术教育怀有深沉的感情并具有深刻的认知和丰富的经验。

清人赵翼《论诗》中有云：“李杜诗篇万口传，至今已觉不新鲜。江山代有才人出，各领风骚数百年。”当代社会，知识更新速率加快，折旧速率同样加快，“江山代有才人出”可谓至理，“各领风骚数百年”倒未必真实。关于代际的关系的表述，还有我们所熟悉的一句俏皮话：“长江后浪推前浪，前浪拍死沙滩上。”我倒更倾向于一个不俗的比喻：“任子弹落，让子弹飞。”一代代学人就像前面的子弹被后面的子弹顶着飞出枪膛，先是加速度，最终上演的是“强弩之末”的悲剧，落在了一个它该落的地方。子弹飞出枪膛是勇猛的，落在一个地方同样是悲壮的。无论是“江山代有才人出”“长江后浪推前浪”，还是“让子弹飞”，历史复演同样的悲喜剧，但正是在这种悲喜剧中，人类社会却真真切切地发展了。

世界毕竟是新一代的，对他们应该期待、包容、支持和鼓励，为的是让人类社会的大舞台不断出现新的面孔、奇的景观，保持不绝的生气和永恒的魅力。“新生代美术教育家书系”编辑出版的目的正在于此。

对新一代的美术教育家的理论研究成果是可以期待的。我一直认为，在一个学人的成长中，最值得关注和珍视的是其处女作。因为几乎所有的处女作都具有“厚积薄发”的特征，体现为最高程度的智慧、积累、精力、体力的集中喷射，闪烁着耀眼光芒，弥散着灼人的温度。而以后的著作可能因为功利的目的或受其他力量的支配，在原来的学术积累消耗殆尽而未及补充的情况下，勉强地“挤压”而成，其力度和高度往往远逊于处女作。这当然是一般的现象，不可一概而论，尤其不能绝对化。只要排除干扰，努力积累，认真研究和写作，后面的著作依然可以是出类拔萃的，甚至超越处女作而爬至新的高峰。这两种情况在这套书系中都存在，我们当然希望是正面意义的存在。

这套书系研究的问题涉猎广泛，包括：美术教育学的哲学研究；中国美术教育的历史研究；学校的设计教育研究；美术教师专业发展研究；美术教师教育专业改革研究；校外美术教育研究；非物质文化遗产与美术课程研究；中国传统文化与美术教育研究；美术教育的文化研究；信息化与美术教学设计；基础美术教育中的知识、课程与教学研究；艺术本位与美术教育研究……在这些研究中，“新生代”们各有侧重地运用了哲学思辨法、调查法、观察法、文献研究法、实验法、实证研究法、定量分析法、定性分析法、跨学科研究法、个案研究法等现代研究方法，反映出这些学者都具有良好的理论思维能力和驾驭不同研究方法的能力。当然，方法毕竟是方法，更重要的是研究中闪烁的智慧之光，显示的真知灼见。因为我们见过太多的用“科学的”研究方法来证明一个“平庸且了无新意的思想”的现象。幸好在这套书系中并没有出现这种现象，每位作者都能坚持独立的思考，进行独立的判断，大胆提出一些具有启迪性的思想和新颖有效的方法，值得我们关注和追踪。“文无第一，武无第二”，应该说各位“新生代”的研究成果，并无高下之分，却有特色之别，揆诸全部著作中之思想和方法，我的判断是各自的理论体系是自洽的，依恃的学术品质是优秀的。

人生短暂，故而令人嗟叹，嗟叹之中哲学乃生，宗教乃成，因为哲学、宗教直追人生之终极目标：人为何而生？如何于短暂之生涯中获得永恒的价值？希望这套书系让我们的“新生代”获得些许作为“新生代”的成就感，感悟到生命的价值，在未来的日子里让“子弹”加速度地飞，候俟新的子弹飞起来，让我们落在该落的地方，将终生无憾无悔。“任子弹落，让子弹飞”，世事如斯，人生如此。

稍贡刍见，谨布数语，以声援“新生代”之进步与发展，亦盼中国美术教育理论繁荣昌盛，蔚为大观。

是为序。

前言

美术教育的研究与实践之间一直存在着这样的困境：专业的研究往往难以渗透到教学实践，而实践教师大多缺乏研究的条件。这个困境，在以中国传统文化为内容的教学中体现得尤为显著。新课程改革以来，在美术教学实践中，我们能够感受到教师们在教学手段、策略上的长足进步，然而在内容处理上，往往由于对中国传统文化理解局限而流于形式化与概念化，这大大减弱了充满诗意、浪漫，甚至历史情怀的中国传统美术的魅力。

中国传统美术的教学之难，在于深入浅出；而深入浅出之难尤在深入；深入之难，又难在系统性。本书期望通过对“中国传统审美意象”这一内容的解读，系统地探讨中国传统美术的教学内容与教学实践之间的关系。即通过对“中国传统审美意象在美术教育中的传达”的研究，将“中国传统审美意象”的理解引入教学实践，回答“教什么”和“怎么教”的问题。

本书分为理论和教学实践两大部分。

理论部分（第一至第四章）首先对“中国传统审美意象”进行理论上的分析：意象的概念经历了怎样的演变？意象的形式和内容具有何种关系？意象在图像上有什么特征，它们在视觉心理上是如何形成的？对这些问题的分析让模糊的“意象”概念变得清晰。如此，则可以在教学中，通过对意象的深入理解而帮助教学实践者对课程内容进行分解，形成具有针对性的教学设计。在对中国传统审美意象深入了解的基础上，还需要分析中国传统审美意象在现代美术教育中的价值、意义，进而从整体上对中国传统审美意象在美术教育中如何传达进行构思。

实践部分（第五至第九章）主要通过访谈、调查问卷及教学实践操作，了解中国传统教学内容在教学实践中的状况，探讨如何在小学、初中、普通高中以及大学阶段的美术教育中有序、系统地进行中国传统审美意象的传达。

本书主要是以研究与综合的视野看待问题，这些以博士论文为基础的文字很难充分展现美术教学的实践过程，在本书撰写的过程中，我发现很多具有探究能力的老师与关注教学的学者开发了中国传统美术的课程，他们从不同的角度，不断分解、探究有效的教学方式，成绩卓著。我能够深刻感受到研究者与教学实践者的殊途同归，即不管侧重理论还是实践，都是建立在对中国传统文艺器物本身蕴含文化的深度理解与分析上。

深入中国传统文化的探究如同打开艺术的历史画卷，让静止的美术形象恢复生机，因此，对中国传统审美探究的过程也是追寻文化脉络的游治，就中国传统文化的精神而言，教化功能因历史现实的退隐而潜含在审美之中，而其营造的心中之桃花源风貌日彰，中国传统审美意象，可谓进入桃园的隔世花径，对中国传统文化内容的教学探究也就充满了志道游艺的趣味。

目录 CONTENTS

15

[绪论]

壹 [第一章]

贰 [第二章]

[余论]

[绪论]

自2001年9月国家实施基础教育课程改革以来，美术教育领域在教学的观念、内容上都发生了巨大的变化，且取得了良好的效果。[①]美术课程改革成功的一个必备条件是具备一批良好素质的美术教师，他们能够有效地贯彻课程改革的精神，并能够积极地利用各种教育资源实现教学传达。但是美术课程专家就此调查的结论是："许多美术教师们密切关注教学改革，却忽视了美术学科的变化和发展。"[②]这个调查结果显示了一个令人吃惊的信息，即：美术教师缺乏对美术本体发展的认识。那么，我们也就有理由相信，美术教师在缺乏对美术本体发展认识的情况下，就不可能对中国传统的文化有深刻透彻的了解，更不能通过美术课程有效传达给学生。

要将一个问题说明白，首先要研究问题本身。海德格尔（Martin Heidegger，1889年—1976年）曾经把问题的形式结构分为"问之所问""问之所问及"和"问之何所问"三个彼此关联的环节。只有当问题的各个环节都已经透彻之后，发问本身才能够透彻。[③]本研究的"问之所问"即如何在美术教育中传达中国传统审美意象？"问之所问及"则是将这个问题拆分为具体的对象：什么是中国传统审美意象（书中所研究的"中国传统审美意象在美术教育中的传达"并不能理想化地默认为教师有足够传达中国传统文化的知识积累和能力，因此要回答第二个问题首先要回答这个问题）？它怎么在美术教育中传达？当我们去探索为什么要问这样的问题（问之何所问）的时候，就需要将整个问题的思考引入到我们所处的教育环境中，并回答解决这个问题的意义和价值。

一、选题的背景与意义

（一）选题背景

1. 传统审美价值在模糊，新的审美价值标准并不能完美地取代它。中国传统审美意象本来是一个文化常识，但是在现代工业文明中，脱离了传统的

①美术课程标准研制组. 普通高中美术课程标准(实验)解读[M]. 南京：江苏教育出版社，2004：2.
②同上，第278页.
③[德]海德格尔. 存在与时间[M]. 陈嘉映，王庆节，译. 北京：生活·读书·新知三联书店，1987：5.

社会环境，这个常识离今天的人们越来越遥远，并在现代教育体系下不断被异化。然而，我们应该认识到：中国传统审美意象不仅以其充满魅力的内容，而且以其人格美育与心灵美育的价值纯粹性，给今天的人们带来更多的意义。

2. 美术教育向视觉文化[①]拓展的必然趋势。视觉文化背后有其哲学价值，我国美术教育由于传统的哲学基础与西方存在着差异，因而无法与西方美术教育视觉文化完全沟通，它们的关系既有融通也有矛盾。另外，我国科技文化水平与科技地域分布差异，也限制了以现代传播手段为主的现代视觉文化在我国全面有效的传达。

西方美术教育在完成从传统美术走向现代视觉文化传达的过程中，在美术、摄影、影视以及新媒体等媒介基础上，用现代文化理论对视觉文化进行了深入的解读[②]，从而使得西方的视觉文化传达形成了自己的体系。由于在视觉文化的理解上过多地依赖于西方译介，导致自晚清以来，在中国传统视

---

①美国学者米尔佐夫（Nicholas Mirzoeff）认为："不同的视觉媒体一直是被分开来研究的，而如今则需要把视觉的后现代全球化当作日常生活来加以解释。包括艺术史、电影、媒体研究和社会科学在内的不同学科的批评家们已经开始把这个正在浮现的领域称为视觉文化。"见尼古拉斯·米尔佐夫：《视觉文化导论》，江苏人民出版社2006年版第3页。台湾学者郭祯祥、赵惠玲认为视觉文化是："每天的日常生活中，能够建构并传达吾人态度、信念以及价值观之视觉经验。"见黄壬来：《艺术与人文教育》，桂冠图书股份有限公司2002年版第345页。

②"视觉文化"一词的产生，其背景是视觉表达的泛化，并将视觉艺术纳入了纯粹的文化研究的部分。传统的文化研究是一些人文学科，如人类学、历史学、文学研究、人文地理及社会学等，把他们自己的学科关注带入到对文化的研究中，而当今文化研究则是打破界限，形成以文化研究为核心的综合研究，这样交叉研究的结果又可以回过去影响那些文化研究之所由来的学科。见阿雷恩·鲍尔德温：《文化研究导论》，高等教育出版社2004年版第3-43页。这也是视觉文化研究的背景，例如，理查德·豪厄尔斯（Richard Howells）即从图像学、形式（主要是风格学方法）、艺术史、意识形态、符号学、解释学等层面对视觉文化进行理论解读。见英国理查德·豪厄尔斯：《视觉文化》，广西师范大学出版社2007年版。也可以从哲学的角度（现象学、阐释学等）、语言学的角度（形式主义、符号学、图形学、结构主义、解构主义等）、心理学角度（精神分析等）等方面进行研究。见段炼：《跨文化美术批评》，西南师范大学出版社2004年版第9页。视觉文化主要通过现代人文学科的理论进行研究，在这个视觉传达无处不在的社会里，视觉不仅仅是思想和秩序体系的反映，而是赋予形象以意义，或把文化意义作为一个形象。在这里，观众乃是视觉与文化的媒介，观众、视觉形象与文化，是在交互作用的系统中相互塑造的关系。见Patrick Fuery, Kelli Fuery:Visual Cultures and Critical Theory, London:The hodder Headline Geroup, 2003 edition.

觉内容解读上，逐渐形成以西方视觉文化为主体的解读方式的局面，而以中国视觉方式来解读中国传统视觉内容的方法正在不断削弱，自身传统也面临着不断西化的危机。因此，有必要在借鉴西方视觉文化发展经验的同时，建立并强化自己的视觉文化体系，在美术教育中逐步形成，以中国传统审美为核心，包括形式、内容、视觉方式和价值体系完整的中国传统审美视觉文化体系。而这个体系之建立，其基础有赖于对中国视觉形式与内容获得普遍的理解。而“中国传统审美意象”在美术教育中的传达则可以作为研究的一个起点。

3. 美术史论研究新成果与基础美术教育的脱节。对中国传统美术审美因素的研究很多，但是大多是在各个学术领域里进行，涉及教育领域，内容普遍偏于陈旧，即便是新的内容，也多以纯理论的方式存在，因此，有必要探索在美术教育实践中如何进行中国传统审美意象的传达。

半个世纪前中国现代思想家马一浮在《对浙江大学毕业诸生的讲演词》中说道：“国家生命所系，实系于文化，而文化根本则在思想。从闻见得来的是知识，由自己体究，能将各种知识融会贯通，成立一个体系，名为思想。”[①]在重技艺、将知识分门别类的今天，对我们理解人文内涵下的美术教育极具深意，没有对中国传统文化的综合理解，中国传统审美意象的传达可能就要落空。

（二）理论意义与实践意义

从以上背景的分析中，可以将这一研究的意义简单总结如下：

理论意义：将我国美术教育中对视觉文化的研究视野从现当代视觉文化延伸至中国传统。运用视觉文化以及与之相关的研究方法对中国传统美术中的“意象审美”进行阐述与解读，以呈现完整的中国视觉文化教育研究体系。最终目的是参与建构我国美术教育的文化主体性。

实践意义：探索如何将中国传统美术中的“中国传统审美意象”在教学中做到持续、有效的传达。

---

① 许江. 南山博文总序 [M] //孔令伟. 风尚与思潮：清末民国初中国美术史的流行观念. 杭州：中国美术出版社，2008：2.

二、国内外该领域的研究现状

“中国传统审美意象在美术教育中的传达”是一个综合性的研究，如果将问题拆开，第一部分包含中国传统审美意象的研究，这主要涉及美术理论与教育理论研究的范畴；第二部分是美术教育中中国传统部分的教育实践研究。前者为这一研究提供了“教什么”的内容，后者则提供了“怎么教”的内容。如果将这两大领域分开则关系到更多的研究领域。

意象美术教育的问题研究虽然是从中国美术教育领域中衍生的问题，但是研究的视野与背景是与国际美术教育相贯通的。国外的美术教育研究，当前主要以视觉文化取向为主。对于美术形式、内容、价值的研究主要为美术史论研究的内容。将美术史论引入美术教育研究颇具影响力的主要有20世纪60年代美国美术教育家艾斯纳（E.W.Eisner）和格内尔（W.D.Greer）倡导的“本质主义”，以及20世纪80年代“科目中心（DBAE）主义”[①]。这些研究为中国美术史论的研究成果引入到美术教育研究提供了很好的范例。

国内现阶段就美术教育研究总体来说，正属于从建立现代美术教育体系到纵深拓展的时期。尹少淳1995年首先在其专著《美术及其教育》中，提出了“意象美术教育”及其概念研究的一系列范畴：意象美术、真、中国传统意象、意象空间、意象图式、意象造型等。[②]为意象美术教育的研究打下了夯实的基础。某种意义上，这可以视为对意象美术教育研究的延伸。

关于“意象美术教育”的观点，颇有不同意见，有人认为不应当进行从“形”出发的 “具象、抽象与意象”的划分，这一方面的争论主要表现为美术“意象”与美学“意象”的争论，代表性的则是在西安美术学院孙宜生“意象美术”教学与理论研究之后形成的一系列争鸣，这可见于李青编撰的《中国艺术与意象美学》一书（该书是20世纪80年代有关争论的结集）[③]。时过境迁，意象美术教育如今已在较大范围内得到接受，本书第二章就“美

①“科目中心（DBAE）主义”中的“DBAE”为“The Discipline Based Art Education”，指依照美学、美术批评、美术史和美术创作等科目建立美术教育的知识体系。见阿瑟·艾夫兰：《西方艺术教育史》，四川人民出版社2000年版第329-331页。

②尹少淳.美术及其教育[M].长沙：湖南美术出版社，1995.

③李青.中国艺术与意象美学[M].西安：三秦出版社，2008.

学意象”与“美术意象”的分歧做了集中的探讨。

在美术本体研究中，将中国传统审美意象作为教学内容的研究，很多优秀的画家和学者的实践研究都取得了成效，如中央美术学院袁运生①、中央美术学院靳之林②、广州美术学院鸥洋③和清华大学陈瑞林④等。他们在专业美术教育方面的研究成果为探索和建构中国传统审美意象的视觉文化教学体系提供了丰富的经验与资源。然而他们的研究方向多是专业美术教育，而将中国传统审美意象的美术教育传达涉及引入学前、义务教育、普通高中以及高等师范院校以形成体系，尚无专论。

具体到基础美术教育阶段，“中国传统审美意象”教学理论与实践研究的主要教学理念依据是新课程改革以后教育部颁发的国家课程文件《全日制义务教育美术课程标准（实验稿）》与《普通高中美术课程标准（实验）》。与之相关的对这两个课程标准进行解读的《全日制义务教育美术课程标准（实验稿）解读》《普通高中美术课程标准（实验）解读》《全日制义务教育美术课程标准（实验）解读》在指导教学实践上有着重要价值。而这些新的美术教育理念基本与新课程改革的教材相配合，课程标准是纲领，教材是实践参照的具体内容（参见实践部分各章教材分析）。这里，教材还只是个中间环节，教材为了美术教育观念、价值的呈现，提供教学的一个基本参考和建议，往往面面俱到。然而，由于传达的价值与内容的差异，教材在教学系统性上难免显得零散，如果不经过老师主动的建构，教学上的延续性就会断裂。而对于教材的主动建构，不仅要依靠老师拥有的美术知识水平，还涉及对教师教育学、教育心理学等多方面素质的考验。因此，在课程标准、教材、教师之间，美术教育的专门研究者就需要建立一些桥梁，来弥补教师普遍知识结构上的欠缺。对中国

---

①袁运生，杜少虎. 魂系中国情结东方——访谈袁运生先生[J]. 美术研究，2003(2)：37-41.

②靳尚谊. 靳之林[J]. 中国美术馆，2007(11)：91-94.

③鸥洋在1986年即开始进行“意象油画”探索，在教学中多有相关实践。见鸥洋：《我画水墨》，载《国画家》1999年第2期第37页和鸥洋：《我画意象油画》，载《美术观察》1999年第7期第16页。

④陈瑞林. 回归“术”与“艺”的起点——百年中国美术教育的回顾与思考[J]. 清华大学学报（哲学社会科学版），2004(2)：67-84.

传统审美意象美术教育传达的理论与实践的研究，正是其中的一座重要桥梁。因此，本研究旨在从宏观上展现中国传统审美意象传达，在中小学阶段实践教学研究上，以课程标准为指导，综合优秀中小学美术教师的经验和自己的教学实践，将各个教学阶段联系的脉络强化。

上溯到学前美术教育对“中国传统审美意象”理论与实践的研究，虽然国家教育部于2001年颁发了《幼儿园教育指导纲要（试行）》，但是学前美术教育的规范化程度相比基础教育阶段要低一些。另外，在学前美术教育阶段更多取向是通过美术发展儿童的创造力与实践能力，而在中国传统文化传承领域的研究也相对较少，其中北京市东城区少年宫罗珍老师主持的全国教育科学重点规划课题《当代城市儿童美术教育与本土文化的传承》[①]在这方面的研究成果比较突出，足资借鉴。

三、研究方法与思路

这一研究以定性研究为基本研究方法。

理论部分（第一至第四章）。主要采取提出问题假设，并加以论证的方式，运用理论研究、历史研究、比较研究等研究方法。

实践部分（第五至第九章）。教育研究形成四种知识类型，即描述、预测、解释、改进。[②]这四种类型基本也包含了教育研究的基本内容，它与本书在实践研究中采取的方法逻辑一致：展现问题（描述）、提出问题假设（预测）、提出问题解决策略（解释）、综合理解并发现新问题（改进）。具体研究方法为：调查研究（包括问卷、访谈、观察）、实验研究（前实验）、比较研究、理论研究。

研究思路：这一内容的思路来源于笔者教学实践与教学观察，基于现状提出问题的假设与解决途径。理论的基础来源于尹少淳的“意象美术教育”，理论假设借鉴了尹少淳“美术教育学科本体”和“教学功能”之间的

---

①罗珍. 城市文化与儿童美术[M]. 广州：岭南美术出版社，2010.

②[美]梅雷迪斯·D. 高尔，沃尔特·R. 博格，乔伊斯·P. 高尔. 教育研究方法导论[M]. 许庆豫，译. 南京：江苏教育出版社，2002：3-11.

"T"形关系图，[①]这种结构能够有效地表现中国传统审美意象中"意象形式"与"审美意象"的变通关系。

本研究的基本理论思路是将中国传统审美意象的理念融进美术教育教学，从"教什么"和"怎么教"的基本问题出发，分为理论和实践两个部分。

在理论部分，为了能够将中国传统审美意象的研究与美学研究区分开，书中借鉴了大量西方图像学与风格学的分析方法，来探讨中国传统审美意象的形式因素与内容的关系，以期通过从形式到内容再到精神价值的探寻，发掘以美术教育为核心的中国传统审美意象的传达途径。主要借鉴的图像学、风格学内容包括：阿道夫·希尔德勃兰特（Adolf Hildebrand）、海因里希·沃尔夫林（Herinrich Wolfflin）、黑尔·沃林格尔（Heer Wrringer）等的艺术风格学研究，贡布里希（E.H.Gombrich）、帕诺夫斯基（Erwin Panofsky）、迈克尔·巴克桑德尔（Michael Baxandall）等巨擘的图像学研究等。

当然，美术形式的分析与艺术心理学也无法分开，在艺术心理学方面大量参考了沃林格尔、鲁道夫·阿恩海姆（Rudolf Arnheim）、贡布里希、苏珊·朗格（Susan Lange）等兼具艺术与心理学、视知觉方面的研究。

国内外近年来运用以上理论进行中国传统美术研究的学者也成绩斐然，如罗樾、方闻、高居翰、白谦慎、雷德侯、巫鸿等，他们的研究为书中理论部分的探索提供了有益的启迪。

回到教学实践上，借助于以上研究，本书相关研究力图实现"美学意象"向"美术意象"的转化，明确美术教育中中国传统审美意象的具体传达内容，在此基础上转入美术教育实践的研究，探讨如何将中国传统审美意象精神形成一个传达的系统，从而进行有效、持续的教学传达。

因此，第二部分实践研究是在对问题和现状考察的基础上将美学、美术史、美术理论、美术心理学、美术教育学进行了以教育为目的的整合。然后通过具体的教育实践研究，试图找寻适合中国传统审美意象传达的方法、策略。

---

①尹少淳. 美术教育：理想与现实中的徜徉[M]. 北京：高等教育出版社，2005：19.

整个研究可以用以下四个步骤作为整体呈现：

1. 利用现代艺术理论研究方法对中国传统美术“审美意象”进行图像分析和解读。

2. 通过情境还原的方式研究中国传统美术“审美意象”的传达途径。

3. 将现代美术理论研究的成果运用到美术教育中。

4. 参与建构我国美术教育的文化主体性。

本研究之目的不在“创新”，旨在 “继承”。笔者学养有限，写作中常有心力不逮之虞，然“虽不能至，心向往之”，以期方家指正。

壹 [第一章]

教育传达的前提是明确所要传达的内容，然后寻找传达的思路与策略。文中传达的内容为“中国传统审美意象”，这是一个大词，如何将之界定到美术教育的范畴？它又是如何超越美术教育的界限和整个人文领域发生联系？如何将之与教育传达建立一个可操作又具延续性的传达思路？这就是本章所要阐述的主要内容，此章也可谓理论部分的总论。

第一节 中国传统审美意象的形成背景暨对论题中“传统”的界定

一、“传统”的语言学解读

“中国传统审美意象”作为文章的一个理论前提，其中“中国传统”与“意象”都具有非常广大的内涵与外延。“传统”一词在历史的演化中形成了非常丰富的意义，如果将“传统”一词放入语言学中来解读，“传统”是由其能指（语音）和所指（概念）形成的一个“符号”（意义整体），由于能指与所指之间结合的任意性，符号就具有极大的任意性[①]，在时间的历程中“传统”一词不断变化，这种变化正如德里达（Derrida，1930年—2004年）对“延异（diff é rance）”做出的解读，文字[②]在延续过程中的延宕化（temporalization）使得文字具有暂时存在又不断延续的时间特点，而文字的间距化（spacing）又使得文字的同一性中存在着差异性和分裂的特点。[③]历史中的一切事物当被文字记载的时候，我们就需要对这些时间的延续性和空间的差异性中所缺席的、曾经存在过的内容进行填补，即“这种形而上学

---

①索绪尔（Ferdinand de Saussure，1857年—1913年）认为：“用符号这个词表示整体，用所指和能指分别代替概念和音响形象。后两个术语的好处是既能表明它们彼此间的对立，又能表明它们和它们所从属的整体间的对立。”由于能指和所指之间的结合是任意的，“符号”就具有了任意性，但是，历史又会对符号形成规定性，因此，它也就具有了相对的稳定性。见索绪尔：《普通语言学教程》，商务印书馆1980年版第102页。

②这里的文字在广义的范畴是一切线条、图案、人为的“痕迹”，甚至言语中的表情、动作、手势、姿态等。见雅克·德里达：《论文字学》上海译文出版社1999年版。

③ JACQUES DERRIDA. Margins of philosophy [M]. Chicago:Universitv of Chicago Press, 1982:1-29.

的全部历史被迫走向痕迹的还原”。[①]这种还原也正因为时间的延宕和空间的差异而体现出解读的偶然性与创造性。[②]在这里，语言学为我们对“传统”的理解提供了对其历史不断变化中的生成性的解读，但是也正是历史延续性让“传统”一词具有了相对的、正常的、有规律的生命。一定的语言状态始终是历史因素的产物。正是这些因素可以解释符号为什么是不变的，即拒绝一切任意的代替。[③]“因为时间将使对语言起作用的社会力量可能发挥效力，而我们就达到了那把自由取消的连续性原则。但连续性必然隐含着变化，隐含着关系的不同程度的转移。”[④]——这是对“传统”因为是变化的所以需要解读，而“传统”又是相对稳定的所以可以为解读提供了很好的理由。

语言学为我们对词语的解读提供诸多思路。《汉语大词典》对“传统”的解释为：“①谓帝业、学说等世代相传。②世代相传的具有特定的风俗、道德、思想、作风、艺术、制度等社会因素。”对词汇的概念解释越宽泛，其涵盖意义越具有合理性，但是往往在具体时空里的价值也越低。“传统”作为意义符号，其能指与所指组合的任意性体现的时空延异性不可避免地产生各种不同的解读，即不同的时间与空间的“传统”要比《汉语大词典》这一解释具体的多，词典解释是一个“普遍”概念，而在具体时空中，则是一个“个别”的概念。这里的时间与空间为我们的解读提供了定位前提。书中的传统在空间上特指中国自身文化形成的传统，而时间上则是在与现代社会对比下的（历史的“传统”）意涵。作为一个极具历史性的词汇，在此我还需要进一步对之进行阐述。我们对“传统”的理解的前提就是现在活着的人对它的思考，这个“传统”是过去的人生活的一个抽象总结。因此，我们回到语言学，所有的语言指向的实体则是历史的遗迹。遗迹正是通过我们今天的思考将过去的事情不断复活，这样的复活必须和我们现在的思考者建立联系，否则一切的语言、痕迹以及遗迹都是无意义的存在，正如克罗齐

①[法]雅克·德里达.论文字学[M].汪堂家，译.上海：上海译文出版社，1999：101.
②同上.
③[瑞士]索绪尔.普通语言学教程[M].高名凯，译.北京：商务印书馆，1980：108.
④同上，第116页.

（Benedetto Croce，1866年—1952年）所言："一切历史都是当代史。"[1]柯林武德（Robin George Collingwood，1889年—1943年）对之解释说："一切历史都是当代史；但并非是在这个词的通常意义上，即当代史意味着为期较近的过去的历史，而是在严格的意义上，即人们实际上在完成某种活动时对自己的活动的意识。因此，历史就是活着的心灵的自我认识。"[2]当我们需要对"传统"做一个"个体的"涉及美术教育传达的界定（在词语上"传统"仅仅是"中国传统审美意象"的定语），在具体指涉上的参照，空间上是强势渗入的西方文化，时间上则是与"现代"相对的"传统"，这里的"传统"回到具体的历史背景则是"传统社会"。

二、传统社会

传统社会（traditional society）在词语的解释中同于农业社会（agricultural society），我们了解农业社会的特征对于"传统"的理解就会变得更为清晰，也为文中对该词语的界定提供理解基础：

"农业社会是以农业生产为主导的经济社会，在西方传统的发展理论中用以代表工业社会之前的社会发展阶段。有时又称传统社会。

与工业社会相比，农业社会的特征大致归为：①以家庭为基本生产单位，以手工为主要生产方式的自给自足的小农经济在社会中占主导地位，生产的目的主要是为满足家庭生活需要而不是交换。②社会分工不发达，社会分化程度低下。③社会流动性弱，各阶级阶层之间壁垒森严，社会关系以血缘和地缘关系为主，个人的发展受到极大的限制。④社会管理原则是家长制，人治为政治系统运行的基本方式。⑤人们的思想观念陈旧，迷信权威，惧怕变革。⑥竞争机制不健全，生活节奏缓慢，因而，社会的变革和进步也非常迟缓。然而，农业社会中人与自然之间保持有一种顺应的关系，因而人们拥有一个优越的生态环境或生存空间；日常生活中人际交往的人情味浓厚；节奏舒缓的生活使人很少有心理的紧张和精神的压抑；伦理型的规范对

---

①[意]贝奈戴托·克罗齐.历史学的理论和实际[M].傅任敢，译.北京：商务印书馆，1982：1.
②[英]柯林武德.历史的观念[M].何兆武，张文杰，译.北京：商务印书馆，1997：286.

于抑制一般性的越轨行为有着不可替代的效力。”[①]

说到这里，我们似乎面临又一个“个别”与“普遍”的问题，农业传统是社会历史发展中一个普遍的社会阶段，又何以创生出“中国传统审美意象”呢？在现代与西方社会对比中形成的，从农业社会中产生的中国精英文化的审美标准又是什么样的呢？这样的问题追问就将我们引向一个更广阔的历史文化生态，这不仅是这里无法解释的问题，亦是历史至今仍不断解读、猜测并尽量接近的问题。在此对这一问题通过他人的研究做一个简短的索引以联系全文。

三 、中国传统社会与文化形成

亚里士多德（Aristotle，公元前384年—公元前322年）言：“食物的种类很多，因而无论兽类或人类，都有很多种生活方式；没有食物，谁也无法生存，食物的不同，决定了各自生活方式的不同。”[②]食物不仅决定了生活方式，而且不同食物的选择也塑造了不同族群的身心特点，拓展到上一层次，则是人的选择取决于人的种族与环境。但是，汤因比（Arnold Joseph Toynbee，1889年—1975年）在《历史研究》中列举了大量的事实证明，同样的地理环境常常造就迥然相异的历史，因此，在环境与人的交互作用中，人们正是在应战那些丰富而力度恰到好处的挑战中创造了各自不同的文明模式。[③]这既是“不同的民族在不同的生活环境中逐渐形成各具风格的生产方式与生活方式，养育了各种文化类型；同一民族又因生活环境的变迁和文化自身的运动规律，在不同历史阶段其文化呈现各异的形态，所谓‘文变染乎世情，兴废系乎时序’。前者是文化的民族性（或曰地域性），后者是文化的时代性（或曰阶段性）”[④]。正如前文提到，在同样的传统农业文明中，“易于耕种的纤细黄土，

---

①中国大百科全书出版社编辑部. 中国大百科全书（简明版）第七卷 [M]. 北京：中国大百科全书出版社，1995：3626.

② [美] 斯塔夫里阿诺斯. 全球通史（1500年以前的世界）[M]. 吴象婴，梁赤民，译. 上海：上海社会科学出版社，1999：117.

③ [英] 汤因比. 历史研究（上册）[M]. 曹未风，译. 上海：上海人民出版社，1959.

④冯天瑜，何晓明，周积明. 中华文化史 [M]. 上海：上海人民出版社，1990：2.

能带来丰沛雨量的季候风和时而润泽大地、时而泛滥成灾的黄河，是影响中国命运的三大因素。它们直接或间接地促使中国要采取中央集权式的、农业形态的官僚体系”[①]。中国独特的地理环境在塑造了经济环境与制度环境过程中形成自己的文明特征。以上简短叙述旨在说明中国传统审美因素的形成是在与现代与西方对比中的彰显，在文化生态的比较中，我们可以从此方面专家所列对比表中获得相对清晰的认识（图1−1、图1−2）[②]。

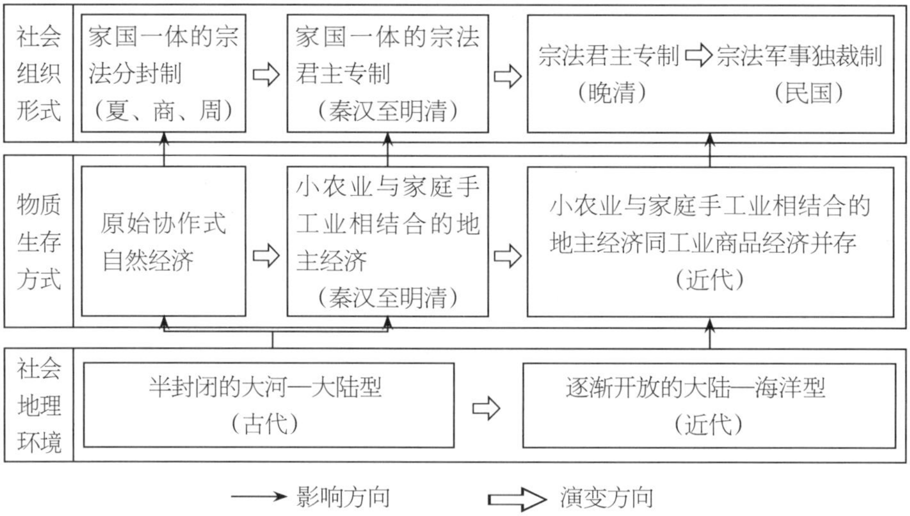

图1−1 中华文化生态示意图

正如史家所言，我们只能解释历史何以如此发生，而不能预知历史将如何发生。单一的文化民族在历史变迁中常常因遇到新困难而欠缺挑战之能力，因此，文化的多元以及对历史不停的解读都在不断储存着解决未来问题的密钥。文化也在不断的整体协调中求得生存与发展，中华文化在这样独特的生存状态下形成独特的思维模式，文化发展的基础为生活与历史现实，思维模式则上升为哲学。在生活细节与哲学中间填充的就是整个世界。审美只是作为其中的一个环节，要获得理解则无法脱离这“上穷碧落下黄泉”的两级之间的联系。

①黄仁宇. 中国大历史 [M]. 北京：生活 · 读书 · 新知三联书店，1997：21.

②此图下限为公元1949年。见冯天瑜、何晓明、周积明：《中华文化史》，上海人民出版社1990年版第19页。

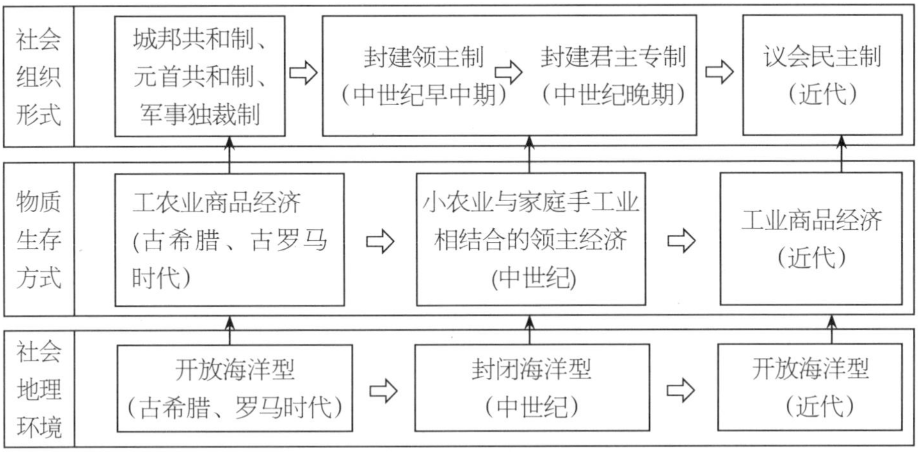

图1-2 西欧文化生态示意图

四、中国传统审美精神的形成

以上是对中国传统文化个性形成的一个粗略解释，对中国文化形成以及特征的描述可谓汗牛充栋，作为中国传统文化一支的艺术则是从此中得来。以下，单从中国传统审美拓开叙述，我们就会发现审美特征和以上所述的文化生成的关系。如上文所述，审美特征的理解上则不离于哲学，因为哲学是对存在的抽象总结，是人们理解世界的最上位的结晶，但是这一切的结晶都是从存在的事物中得来，所以，审美特征下必然联系着生活与历史，所谓艺术正是对这二者间的表达，并以艺术品的方式呈现——“形而上者之谓道，形而下者之为器”[①]。艺术恰成为载道之器、承意之象。

对于中国传统审美与哲学的联系，徐复观（1903年—1982年）认为：“老、庄思想当下所成就的人生，实际是艺术的人生，而中国的纯艺术精神，实际系由此思想系统所导出。”[②]当然，对于中国艺术产生深远影响的不止道家，对于艺术提出规范要求更早的应是儒家的礼乐文化，冯友兰（1895年—1990年）将此二者对艺术的态度做这样的解读：“儒家把艺术看作是道

①李道平. 周易集解纂疏[M]. 潘雨廷，点校. 北京：中华书局，1994：611.
②徐复观. 中国艺术精神[M]. 上海：华东师范大学出版社，2001：28.

德教育的工具。道家对艺术没有正面提出系统的见解，但是他们追求心灵的自由流动，把自然看为最高理想，这给了中国的伟大艺术家无穷的灵感。”[①]然而儒、道两家形成的源头则又离不开中国传统生活方式。冯友兰认为，封闭的农业文明（区别于商业化的海洋国家）使得人们无法离开自己的土地，因为经济的原因形成了中国的家族制度，传统中国把社会关系归纳成君臣、父子、昆弟、夫妇、朋友五种关系，其中三种是家庭关系，而君臣与朋友却也可以看作是家庭关系的延伸。因此“儒家思想在很大程度上便是这种家族制度的理性化”[②]。而儒家所求之艺术也就带有了道德教化的特征。另一面，农民长期与自然交往，对于自然的热爱终于发展到人与自然、与宇宙的合一——天人合一。在儒、道对艺术的影响上，徐复观有更为具体的说明：“儒、道两家，虽都是为人生而艺术，但孔子是一开始便有意识地以音乐艺术为人生修养之资，并作为人格完成的境界。”[③]而道家代表老子与庄子并没有以美术作为目的与对象进行研思，“在他们思想起步的地方，根本没有艺术的意欲，更不曾以某种具体艺术作为他们追求的对象……他们只把道当作创造宇宙的基本动力；人是道所创造，所以道便成为人的根源性的本质……若不顺着他们思辨的形而上学的路数去看，而只从他们由修养的功夫所到达的人生境界去看，则他们所用的功夫，乃是一个伟大艺术家的修养功夫；他们由功夫所达到的人生境界，本无心于艺术，却不期然而然地回归于今日之所谓艺术精神之上”[④]。这样的艺术精神向下则汇聚成人们的生活理解。葛兆光在其《中国思想史》中论述道，由于中国文字的象形与意会性，提供解读中国古代人的思维方式以及他们“想什么和怎么想”的依据。这里即透露出中国古代社会对宇宙秩序的认识（这些认识和农业对时空的影响息息相关，如时间的四季划分、空间的中央与四方划分等）体现为人世间的仪式。“人类应该按照这种宇宙、社会、人类的一体同构来理解、分析、判断以及处理现象世界，因为在

---

①冯友兰. 中国哲学简史[M]. 赵复三，译. 北京：新世界出版社，2004：20.

②同上，第18页.

③徐复观. 中国艺术精神[M]. 上海：华东师范大学出版社，2001：29.

④同上，第30页.

现象世界中拥有同一来源、同一结构、同一特性的不同事物是有神秘感应关系的。这样，在当时人的思想世界中，就以对天、地、人的体验与想象，形成了一个整齐不乱的秩序，在这一秩序中古代中国确立了自己的价值的本原、观念的样式和行为的依据。”[①]这种思维方式则产生了对称的辩证“阴阳”及与其联系的“五行”关系。随着仪式权威功能的瓦解，思想与权力、技术分离，原属王官的知识阶层下移与原为下层士人的上升导致士阶层的崛起，则为中国传统审美的自觉与完成提供了必要的条件。

那么具体到中国传统艺术的精神与绘画的结合，徐复观以为自魏晋以来中国艺术进入“自觉”（即艺术脱离了其他的功能而以审美为最终目的），“而以简单的文字，说出一个完整的轮廓，构成一个素朴的系统，奠定中国此后画论基础的，则不能不首推上面所引的谢赫的六法[②]”[③]。六法中尤以“气韵生动”最重要：“此语的含义明，则不仅六法的全义亦因之而明；并且中国绘画的精神、特性，亦可由此而把握到一个梗概。”[④]如果超出绘画本体，作为一个整体的意义传达，彭吉象对中国艺术精神的总结则体现出不同的角度：道——中国传统艺术的精神性；气——中国传统艺术的生命化；心——中国传统艺术的主体性；舞——中国传统艺术的乐舞精神；悟——中国传统艺术的直觉思维；和——中国传统艺术的辩证思维。[⑤]这些精神的传达，必须依赖于符号的承载，在中国的艺术当中，谓之“象”，因而，意象也就成为理解中国艺术的一个关键词。因此，这一研究也就以“中国传统意象”的解读作为从精神理解到可以操作的教育传达途径的理论基础。

---

①葛兆光. 中国思想史（卷一）[M]. 上海：复旦大学出版社，1997：53.

②昔谢赫云：“画有六法：一曰气韵生动，二曰古法用笔，三曰应物象形，四曰随类赋彩，五曰经营位置，六曰传移摹写。”见张彦远：《历代名画记》，江苏美术出版社2007年版第29页。

③徐复观. 中国艺术精神 [M]. 上海：华东师范大学出版社，2001：86.

④同上，第87页.

⑤彭吉象. 中国艺术学 [M]. 北京：北京大学出版社，2007：379-576.

第二节 中国传统审美意象与美术教育传达的理论构思

一、中国传统审美意象与美术教育传达的理论界定

意象本身似乎就是一个非常“意象”的词，当我们说出这个词，也许皆有所领悟，可是要说出它的明确的意义却颇为不易，即便说出，也觉得若有所失。因此，在对意象做学术性梳理之前，为了给读者呈现一个明确的论文主题，我选择结论前置的处理，先说出对中国传统意象在美术教育传达中做的若干界定。

我们可以籍助辞书中“意象”的解释了解当前意象的主要涵义：

《辞源》对“意象”的解释为：①意思与形象；②心情与容貌。①

《汉语大词典》的解释颇为详细：亦作“意像”①谓寓意深刻的形象；②经过运思而构成的形象；③神态，风度；④想象；⑤印象；⑥意境；⑦心境。②

《辞海》解释“意象”为：①表象的一种。即由记忆表象或现有知觉形象改造而成的想象性表象。文艺创作过程中意象亦称“审美意象”，是想象力对实际生活所提供的经验材料进行加工生发，而在作者头脑中形成的形象显现。②中国古代文论术语，指主观情感和外在物象融合的心象。明清以后

---

①《辞源》在该词条的注释中，意思与形象。引用的例句一为汉王充《论衡·乱龙》：“夫画布为熊麋之象，名布为侯，礼贵意象，示义取名也。”南朝梁刘勰《文心雕龙·神思》：“然后使玄解之宰，寻声律而定墨；独照之匠，窥意象而运斤。”这里的解释和其他词典解释略有出入，具体见下条注释。见《辞源》（上册修订本），商务印书馆2006年版第1143页。

②《汉语大词典》中用汉王充《论衡·乱龙》：“夫画布为熊麋之象，名布为侯，礼贵意象，示义取名也。”作为“1. 谓寓意深刻的形象”的例句。而刘勰《文心雕龙·神思》：“然后使玄解之宰，寻声律而定墨；独照之匠，窥意象而运斤。”则作为“2. 经过运思而构成的形象”的例句。与《辞源》注释相比，《汉语大词典》的解释更为具体，从诸多的解释中，也体现出意象发展过程中意义的不断扩充。见《汉语大词典》（第七卷），上海辞书出版社1986年版第643页。文中更倾向解释为“内心意象”，即“艺术表达前的心中意象”。见顾祖钊：《艺术至境论》，百花文艺出版社1992年版第56页。

专指具体外物，用比兴手法所表达的作者情思。[①]

《简明不列颠百科全书》这样解释“意象”（imagery）：人脑对事物的空间形象的大小和信息所做的加工和描绘。和知觉图像不同，意象是抽象的，与感觉机制无直接关系，精确性较差，但可塑性却较大。……近年来，意象常用于辅助情绪素材的重建，故人们更多地把它应用于心理治疗，用以增加情绪体验的生动性。意象也用于缓解紧张和对恐惧症、不良习惯、性功能障碍和疼痛的治疗，催眠时诱发意象其效果特别明显。[②]

从以上的词汇解释中我们可以发现，意象至少分为美学的解读与心理学的解读，并且相互有潜在的影响。具体到美术本体，在西方美术对我国美术发生普遍影响以后，很多学者发现，中国美术与西方美术相比，其意象性是一个比较明显的特征。西方美术传统上趋向于从透视、质感、光线等视觉或触觉等多重体验中，力求还原人对事物的视幻觉体验，因此以再现（representation）视觉对象为特点。在西方美术发展的过程中，现代的很多表现形式也脱离了传统的“模仿”再现，因此在视觉作品的表现形式上有了再现与抽象（abstraction）的划分，抽象的形式以对可见世界视幻觉可辨析的程度分为客观抽象（objective abstraction ）与纯抽象（pure abstraction）或非客观抽象（nonobjective abstraction）、非再现（nonrepresentation），

①《辞海》中对意象的解释：“中国古代文论术语，指主观情感和外在物象融合的心象。”也使用刘勰的“积学以储宝，酌理以富才，研阅以穷照，驯致以怿（绎）辞，然后使元解之宰，寻声律而定墨；独照之匠，窥意象而运斤：此盖驭文之首术，谋篇之大端”为例句。对于刘勰意象的理解，文中更倾向于辞海中的解释，解释为内心意象——“心象”，即“艺术表达前的心中意象”。而例句后的解释“明清以后专指具体外物，用比兴手法所表达的作者情思”，则是对意象发展做了更具体的说明。见《辞海》，上海辞书出版社1999年版第5769页。

②西方对意象的解读基本没有汉语中的特指，主要从心理学角度阐述“imagery”。见《简明不列颠百科全书》（第9卷），中国大百科全书出版社1986年版第102-103页。其中相当于中国意象含义的是“意象派诗歌（The Imagist Poetry）”，意象派诗歌是1909—1920年间在英美诗歌中出现的一个现代诗歌流派。埃兹拉·庞德（Ezra Pound）、爱米·洛威尔（Amy Lowell）可为其代表，他们的诗风受到日本的禅和俳句的影响，因此，在这里的意象的意思是接近于中国的“意象”。见王敏华：《中国诗禅研究》，广西师范大学出版社1997年版第173页和Ronald Carter, John McRea:The Routledge History of Literature in English, New York:Taylor&Francis e-Library, 2002 editon.

前者指可辨认自然原型，后者指不可见自然原型。[①]不过在做这种区分的时候的一个前提是：广义而言任何艺术都是具有抽象特征的，这层含义后文将继续分析。从视觉形式划分与我国美术对比，我国美术表达形式则基本可以涵盖在“客观抽象”范畴。因此很多学者在形式上将美术表现划分为：具象、意象与抽象（在美术教育领域尹少淳率先提出了从形式上区分的意象美术教育、具象美术教育与抽象美术教育）[②]。中国美术在与西方对比中的意象美学特征又强化了这种区分，西方的“意象”（image，imagery）的心理学涵义为意象的现代解读提供了契机。但是，对于这一概念的区分很多学者从美学与文化对比等不同角度提出了不同意见[③]，而意象美术教育本身也在这样的争鸣中不断修正。

当一个概念的界定放到具体的时空，都会在共性的基础上显出自己的个性因素。从比较中会发现“意象”的以下层次特点：

第一层，从原始意义出发，意象指的是意与象之间的阐述关系；第二层，意象是在文化比较中凸显的指中国传统艺术中传达的独特审美意象；第三层，从“形”的角度，可以在具象、抽象之间获得第三种视觉形式：意象。

“中国传统审美意象”似乎区别于独立的美学、心理学等领域的“意象”区分。可是，我们必须看见，正是美学、艺术创作、心理学等多层面对“意象”的解读，为意象在美术教育中的传达提供了沟通的空间。

本研究以教育研究为前提，强调其可传达途径，对中国传统审美意象做这样的界定：中国传统审美意象核心是意与象之间的关系阐释，在此前提下分为两个维度：纵向指向中国传统文化中的审美意象；横向指向具体的形象变化。（图1-3）

---

①对于具体区分的意义见后文详述。见Deborah Curtiss:Introduction To Visual Literacy, Englewood Cliffs：Prentice Hall, 1987 edition.

②尹少淳. 美术及其教育[M]. 长沙：湖南美术出版社，1995：185-281.

③宁日曾. 意象素描——气韵素描质疑[J]. 西北美术，1983（1）；李青. 中国艺术与意象美学[M]. 西安：三秦出版社，2008：199-234；杨成寅. 意象与美术[J]. 美术，1983（1）；曹桂生. 意象新释——再评孙宜生先生的“意象艺术”观[J]. 西北美术，2000（4）。

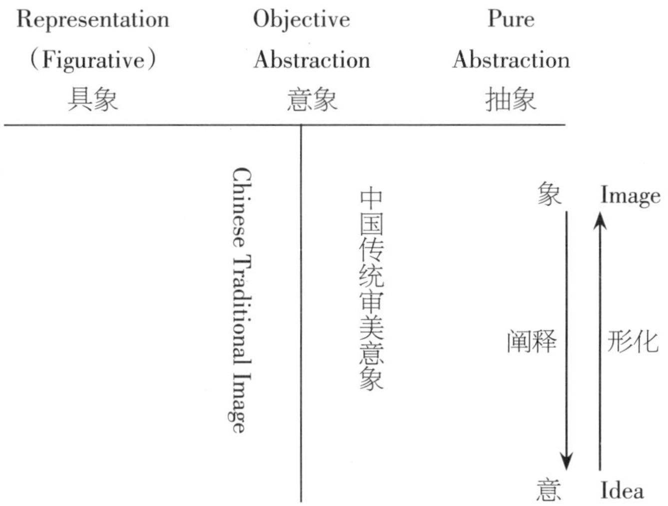

图1-3　中国传统审美意象在美术教育中的界定

这样界定的目的是：第一，要建立中国视觉文化体系，中国传统审美意象则是代表中国文化精英传统的重要部分，是树立中国视觉文化体系的重要立足点，在对中国传统审美意象文化的传承中，意象是理解与传达的核心。第二，对于传统的继承最根本的是寻找解读传达的途径，这个途径则是建立在可以共通的理解即阐释的基础上解读美术形象。形象是作为美术教育传达的外在标准，在两个维度的共同作用下，意象美术教育的理解传达才更容易做到形而上与形而下的结合。

二、中国传统审美意象教育传达的阶段特点

对于意象教育化解读，是依据意象本身的两个维度，同时也为基础教育的实践提供了一个操作性的基础，在学习的不同阶段，纵轴与横轴有不同的侧重，随着年龄增长，横轴（形式层面）逐渐减弱，而纵轴（意识层面）逐渐增强。

在学前阶段，因为认识能力的限制，更多地注意到横轴中的意象含义，即通过意象的形象表达实现美术教育的情感价值、智力价值、技术价值、创造价值[①]等。纵轴中的中国传统人文情感传达处于次要地位。

义务教育阶段，随着学生知识的积累和认知能力的提升，在意象教学的

①尹少淳. 美术及其教育 [M]. 长沙：湖南美术出版社，1995：119-174.

实践层面则可以向纵轴拓展，但是，这时候儿童到青少年的心理正值青春转捩点，“这种由于生理变化所引起的改变（从无意识的到批判式自觉的想象活动）”[①]，对美术的学习也会形成一个思维转换时期，从培养视觉文化传统而言，面临着横轴和纵轴的转换过程。横轴面临着视觉转换，纵轴的渗透则涉及在其他人文学科知识的综合理解上获得中国传统审美体验。

高中阶段学生的知识积累和认知能力已经成熟，这时候，重心则是向纵轴转移，绘画活动除非是特别的爱好，通过纯粹的思考和观看成为大多数普通业余者获得对艺术欣赏需求的主要途径，此时其他人文学科知识也可以成为美术中中国传统审美解读的知识铺垫，同时，美术的认识功能也为其他学科提供了互相增进的可能，其理论的、图像学[②]意义的知识建构无疑会促进学生对知识的融汇，同时，传统的审美概念在从他们儿童时期有序的培养中获得了良好的潜移默化的体验。这一阶段对学生个体而言中国传统审美的获得是很重要的，同样，对于建立中国传统视觉文化的系统也从理论的程序走向了实践的程序。

进入高校阶段，在非美术专业，这种纵轴的功能依然以重要的认知需求取代了横轴的价值，中国传统审美意象完全可以成为个人认知的一个重要部分，中国传统意象审美的精神涵泳价值本身就相当于当代工业文化的均衡之物。而美术专业中对于中国传统审美意象传达的研究就成为美术本体研究的范围，书中在开始也提到这一方面的研究已经有了比较深的传统，但是，在

---

①[美]罗恩菲德. 创造与心智的成长[M]. 王德育，译. 长沙：湖南美术出版社，1993：212.

②图像学：通过研究广阔的文化和历史背景对题材进行阐释。见爱德华·露西·史密斯：《艺术词典》，生活·读书·新知三联书店2005年版第104页。帕诺夫斯基（Erwin Panofsky）认为图像的主题和意义可以分为三个层次，第一层次为自然主题（Primary or Natural Matter），即纯粹的所见的自然形式；第二层次为程式主题（Secondary or Conventional Matter），即图像反映的内容主题；第三层次为内在的意义或内容（Intrinsic Meaning or Content），即探索图像后面的民族、时代、阶级、宗教、哲学的基本态度等内容。这些会不自觉地体现出人的个性，并凝结于其作品之中。（It is apprehended by ascertaining those underlying principles which reveal the basic attitude of a nation, a period, a class, a religious or philosophical persuasion-unconsciously qualified by one personality and condensed into one work. 见 Erwin Panofsky:Stadies in iconology, New York :Harper & Row, 1939 edition.）

普遍的西化思维中，中国传统意象思维传达从理解到实践的现状如何？在实践中我们的主要缺失在哪里？我们还有哪些更好的理解途径？传统美术教育的问题脱离不了我们曾经的教育基础，毕竟，纸本的教育理论理解再完美，在教育的实践程序中丝毫没有呈现的迹象，我们的工作就是失败的。

第三节 “意象”的形态流变暨绘画意象与文学意象的分离

上文只是对文章的理论基础设想做了简要叙述，在对中国传统审美意象传达的解读过程中，其核心即是“意象”。因此，对意象的历史演绎做分析解读是理解文章理论假设的重要部分。因为对概念历史的追溯的目的就是让历史看起来更简单，而不是更复杂。在追溯的过程中，我们获得的不是历史的概念，而是看见这个概念生长到今天应该是怎样的存在，正如黑格尔（Georg Wilhelm Friedrich Hegel，1770年—1831年）所言：“如果艺术把它的概念中所含的基本的世界观以及属于这个世界观的内容范围都已经从四方八面表现得很清楚了，那么对某个民族和某个时代来说，艺术就已经摆脱了这种确定的内容意蕴了；此后只有到了有必要反对此前唯一有效的内容时，才会引起重新回到找内容的需要。”[①]然而，黑格尔的这种旧内容的枯竭和革新的诞生，对于中国传统审美意象而言，已经在清末不可避免地发生了，在其后西方艺术和中国艺术的交织，让本来极具中国个性的“意象”也融入这个更广阔的视野中。艺术的共性因素是超越民族性的，这些融合为意象的解读提供了更多解读的途径。中国传统审美意象在这里印证了黑格尔的言论，成为一种有效的工具，恰可以反对“此前唯一有效的内容”。即用中国传统艺术的典雅之境“反对”当今的艺术纷繁多元带来的诸多现代症候，这里的反对或许用“弥补”更为适合。我们无法像古人一样艺术生活化，我们却可以用中国传统审美涵养我们的生活。

一切艺术都在不断讨论形式和意义之间的关系，“艺术的基础就是意义与

① [德] 黑格尔. 美学 [M]. 朱光潜，译. 北京：商务印书馆，1986：377.

形象的统一，也包括艺术家的主体性和他的内容意义与形象的统一”[①]。因此，从广义而言，所有的艺术都是意与象的关系。苏珊・朗格（Susan Lange，1895年—1982年）认为：“艺术，是人类情感的符号形式的创造。”[②]这个“符号”可以理解为“象”，但这种“人类情感”似乎显得过于宽泛，因为，在美术演化过程中，时间地域的限定对这个符号的所指各有差别。在意象的演化中，顾祖钊教授认为，中国是最早创立意象说的国家，随着时间的推移，逐渐经历了表意之象、内心意象、泛化意象[③]几个阶段，我以为是比较中肯的；但是，要将意象发展联系到当今的现状，并成为美术教育研究的对象，就需要脱离以诗歌为研究核心，而将重心转移到美术本体来研究意象，其后应当还有美术中意象的现代综合阶段。这个阶段则在原有的意象基础上出现了两个特点：意象的形化区分与心理学对意象研究的渗透。

一、 表意之象——意象的源头

在有文字记载之前，人们所创造的形象多与意义关涉，原始艺术中的“图案、记号和表意文字向我们展示了人类起源时特有的思维、观察和交流的方式”，也即表达意图的功能。[④]人类越向前追溯，思维以及生活方式越接近，因此艺术的起源也是同一的，人们对超自然的信仰激发着人类的思索。在向原始艺术的追溯中，却发现更多的是人类的共通性，艺术毫无例外地关涉到生死以及与之相关的食物、性、神。例如，奥地利发现的维伦多夫的维纳斯雕像[⑤]是随身携带的生殖崇拜之物，中国的人面鱼纹彩陶盆[⑥]是盛装儿童尸骸的瓮

---

①[德]黑格尔. 美学[M]. 朱光潜，译. 北京：商务印书馆，1986：374.

②[美]苏珊・朗格. 情感与形式[M]. 刘大基，傅志强，周发祥，译. 北京：中国社会科学出版社，1988：51.

③顾祖钊. 艺术至境论[M]. 天津：百花文艺出版社，1992：50.

④[法]埃马努埃尔・阿纳蒂. 艺术的起源[M]. 刘建，译. 北京：中国人民大学出版社，2007：10.

⑤1908年考古学家约瑟夫・松鲍蒂（Josef Szombathy）在多瑙河附近奥地利的维伦多夫（Willendorf）发现的维伦多夫的维纳斯像，该雕像为旧时期时代游牧民族随身携带的有生殖崇拜意味的雕像。

⑥人面鱼纹彩陶盆是我国新石器时代仰韶文化时期一件儿童瓮棺的瓮盖，图像表达了人与死者沟通的愿望。

盖。在人类还没有进行大迁徙之前的时代（30000~60000年前）墓葬的考察中发现，几乎所有智人对死亡的态度都极其相似：集体的墓穴、把死者像睡眠一样安放并且身边放着生活用具。死亡的情境不仅是一次尸骨的处置，更多是关涉了宗教仪式与生死的态度。原始艺术对蕴含在生、死中的食物、性、神的关切，不仅是原始艺术得以产生的重要条件，推广之乃是根本地体现了二元思辨的原型。具体到形象，几乎所有的史前岩画、雕刻、装饰、用具中，都有着相似的图形表达语汇与逻辑，它是人类思维、观察和交流的方式的体现，至今影响着我们的社会联系与生活的目的。[①]当由于尚不能确定的原因让人类开始大规模迁移的时候，人们在寻找新生活的道路上，开始不断演化出自己的表达方式，阿纳蒂认为“视觉艺术最早的阶段表现出了全球的特征。后来出现了差异，画像的形态再没有达到过其起源时的同一性。今天，当代艺术应该谈论的是几个平行的全球化，而不是一个全球化”[②]。

原始艺术表达方式是抽象的（再现技术不成熟与表达的目的决定），这些抽象的符号具有象征指示的意味。黑格尔认为：“‘象征’无论就它的概念来说，还是就它在历史上出现的次第来说，都是艺术的开始。因此，它只应看作艺术前的艺术。”在我国文化发展前期，葛兆光认为中国早期的仪式的形成就是对天地宇宙的理解形成的一套象征体系，这个体系对中国社会的影响是决定性的，“尽管象征本来是一种符号、一种暗示、一种隐喻，并不是事实本身，可是，在中国古代思想世界中象征却是极为重要的，在人们的思想中，象征有时竟取代了事实，成为意义之所在。在古代中国的几千年中，象征形成了一整套复杂而有序的系统，由于人们对它的相信，它竟真的起了一种维系宇宙秩序和社会秩序、支撑知识体系和心理平衡的作用，因此，象征的崩溃常常就是秩序的崩溃”[③]。

从艺术的滥觞，人们即通过符号传达意义，这些符号的意义和形象并不

---

①[法]埃马努埃尔·阿纳蒂. 艺术的起源[M]. 刘建，译. 北京：中国人民大学出版社，2007：75.

②[法]埃马努埃尔·阿纳蒂. 艺术的起源[M]. 刘建，译. 北京：中国人民大学出版社，2007：114.

③葛兆光. 中国思想史（卷一）[M]. 上海：复旦大学出版社，1997：57.

能完美的结合，因此，此时黑格尔所言的西方的“象征作为符号”[①]与中国的“立象以尽意”都可谓表意之象。我国较早指涉“意”与“象”的关系，则是《周易·系辞》中所记“立象以尽意”：“子曰：书不尽言，言不尽意。然则圣人之意，其不可见乎？子曰：圣人立象以尽意，变而通之以尽利，极变通之数，设卦以尽情伪，系辞焉以尽其言，则尽利也。”[②]这里“意”与“象”是分开的，并没有组成一个独立词汇。但是更清晰地表述了其间的关系，因为“言之不能尽圣人之意，书之又不能尽圣人之言”[③]，所以，“‘圣人立象以尽意’者，虽言不尽意，立象可以尽之也”。“‘系辞焉以尽其言’者，虽书不尽言，系辞可以尽其言也。”这里可以见到，而且必须意识到，这里的“象”具有超越于语言之上的特点。对于“象”，《易经·系辞》中的解读是：“圣人有以见天下之赜，而拟诸其形容，象其物宜，是故谓之象。”[④]这里的“象”尚不是一般的形象，也不是艺术之象，乃是包含着至理（赜）的卦象，卦象乃是对物的内在属性特征的模拟（象其物宜[⑤]），模拟的目的是显现世界幽深难见的至理的明见（见天下之赜[⑥]）。《易经》里的意象描述可谓中国可见的最早的对意象的描述，其实质应当是中国对早期意象的总结，意象体现的是在哲学观照下中国古代的世界观。对于其

①黑格尔认为，象征首先是一种符号，但这不是单纯的意义和表象毫不相关的符号，艺术符号的意义和表象是有一定联系的，但是又不完全吻合，当意义和表象达到吻合的时候，象征型艺术的矛盾得到解决，艺术就进入到更为成熟的古典型阶段。黑格尔把象征的艺术分为三个阶段：第一阶段为不自觉的象征，即人们通过一些形象表达对自然的理解和崇拜的观照物，此时的象征还不是艺术；第二阶段为崇高的象征方式，即人们通过有限的事物表现无限的造物主，在自我的渺小中窥见造物主的伟大；第三阶段为比喻的艺术形式，自觉的象征，即人们通过形象与意义的类似点，用有关联的个别形象去阐明本身原已明晰的意义。见黑格尔：《美学》，商务印书馆1986年版第9-152页。

②李学勤. 十三经注疏·周易正义（标点本）[M]. 北京：北京大学出版社，1999：291.

③同上，第291页.

④同上，第274-275页.

⑤“象其物宜”这里的“象”是动词，模仿的意思。孔颖达疏：“‘象其物宜’者，圣人又法象其物之所宜。若象阳物，宜于刚也；若象阴物，宜于柔也。是各象其物之所宜。六十四卦，皆拟诸形容，象其物宜也。”这里的“物宜”则是事物的内在属性特征。

⑥孔颖达疏：“‘圣人有以见天下之赜’者，赜谓幽深难见，圣人有其神妙，以能见天下深赜之至理也。”见李学勤：《十三经注疏·周易正义》（标点本），北京大学出版社1999年版第274页。

中关系的阐述著述丰盈，钱锺书（1910年—1998年）《管锥编》解读为：“《易》之有象，取譬明理也”，“理赜义玄，说理陈义者取譬于近，假象于实，以为研几探微之津逮”，“故《易》之拟象不即，指示意义之符（sign）也”，“是故《易》之象，义理寄宿之蘧庐也。”[①]“立象以尽意”以符号为象征也基本体现了人类艺术源头的一致性，而在其流变中，各民族又各取所需了。

表意之象还不能成为完全的审美意象，从非艺术的意象转化成艺术之象有一个过程，这与黑格尔对象征历程的描述也极其吻合，即先从不自觉的象征到自觉的象征。王弼的《易经略例·明象》中说：“夫象者，出意者也；言者，明象者也。尽意莫若象，尽象莫若言。言生于象，故可以寻言以观象；象生于意，故可以寻象以观意。意以象尽，象以言著。”[②]可以明确说明了言、象、意的递进关系：言→象→意。最终目的是“得意”，则包含着相逆的过程：得意→忘象，得象→忘言。这正是王弼所言：“忘象者，乃得意者也；忘言者，乃得象者也。得意在忘象，得象在忘言。”[③]（图1-4）

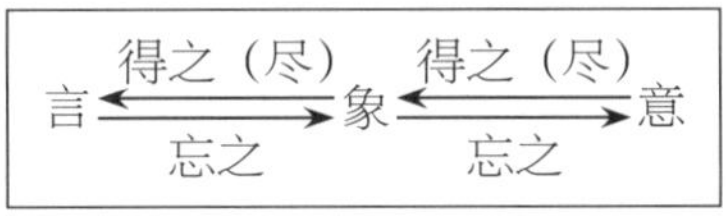

图1-4“表意之象”的“意”“象”“言”之间的关系

在这个过程中，“象”是更接近于意的，那么“言”在尽“象”的过程中，随着人们对自然理解的深化，首先作为表意的符号（“象”也是表意符号）从神性中脱离出来，原先为核心目的的价值关系开始分离，也即是黑格尔所言从不自觉的象征走向自觉象征的过程，葛兆光认为这个过程的发生有以下三个原因：第一，社会的激变使得以前秩序化的“思想”“知识”权威的丧失；第二，王室衰微与诸侯士人的崛起；第三，“知识—思想”体系在不同职业的文化人中有不同的侧重面，王官失守之后，文化人的分化则使得

①钱锺书. 管锥编[M]. 北京：生活·新知·读书三联书店，2001：22-27.
②王弼. 周易注疏[M]. 上海：上海古籍出版社，1989：311.
③同上，第311页.

“知识—思想”在分化之中形成了不同的思想流派。[1]这是从思想史的角度而言，在意的传达过程中，首先，符号自身不断发展，逐渐丰富了表达的途径和空间，首先独立出来的是“言”，即语言，“意”本身也从纯粹的神性哲学化精神符号转化向了人自身，因此，文学化艺术的表意——情感传达开始了。这其中语言与意义从原始意义分离达到新的结合导致文学率先从哲学中分离。回到对表意之象的完整“意象”一词的表达，有文献可考首次出现在王充（公元27年~约97年）的《论衡》中：“夫画布为熊麋之象，名布为侯，礼贵意象，示义取名也。”[2]这里虽然说出这些形象的目的是象征性权力的表达，但是王充的目的是说明这些象征本身的非科学性。因此，当“意象”一词在文论中独立出现之时，恰是人们对意象的神性价值怀疑之时——也正是艺术化意象的开始。

我们可以从前人著述见思想之变化：章学诚（1738年—1801年）《文史通义》中言：“象之所包广矣，非徒《易》而已，六艺莫不兼之”，“《易》象虽包六艺，与《诗》之比兴尤为表里”。[3]这里对于哲学化的“象”的标准是很严格的，但是在六经成为经典的时代，文字表达已经非常成熟，也就必然导致意义表达的丰富，脱离了一味哲学象征的意象。“然而指迷从道，固有其功；饰奸售欺，亦受其毒。”[4]要让这些语言的混乱达到最终的哲学关照的目的，则必须回归到“象”的幽深本源，即“故人心营构之象有吉有凶，宜察天地自然之象，而衷之以理。此《易》教之所以范天下也”[5]。可是，这种分离已经不再是说教能使其达到统一了，“穷理析义，须资象喻，然而慎思明辨者有戒心焉。游词足以埋理，绮文足以夺义”[6]。对文字艺术化表达的担忧，最终得到默认：正如陈骙《文则》中肯定的一样：“《易》之有

①葛兆光．中国思想史（卷一）[M]．上海：复旦大学出版社，1997：69.
②黄晖撰．论衡校释（三）[M]．北京：中华书局，2006：705.
③章学诚．文史通义[M]．上海：上海书店，1988：5-6.
④同上，第5-6页．
⑤章学诚．文史通义[M]．上海：上海书店，1988：6.
⑥钱锺书．管锥编[M]．北京：生活·新知·读书三联书店，2001：24.

象，以尽其意；《诗》之有比，以达其情。文之作也，可无喻乎？”[①]早期的象征乃是“是故触类可为其象，合义可为其徵”[②]的尽意之象，到这里“言”的目的则是以丰富的比喻来传达情感了，至此，文学渐渐独立于哲学化的意象，原始哲学意义只是作为潜在的价值隐藏其中了，尽管各种文论经常会跳出来要提醒人们此中哲学理解的价值。

二、内心意象——艺术化审美意象的形成

与“立象以尽意”一样，说是一马当先的经典言论，毋宁说是对这一现象的最早总结。文艺领域出现“意象”一词，正是文艺理论家们以为的“艺术自觉”到来的时代——魏晋，此时的“意象”与“表意之象”相比较，“象”由哲学理义之可视符号转换成为艺术语言符号，“意”则是由哲学理义本身转换为情感的传达；另外，在表意之象中，“意”与“象”是一个并列相对应的词组组合，而在文艺意象里，这个词组变成了偏正结构的解读，象已经是一种虚像——内心视像。刘勰（约465年—520年）在《文心雕龙·神思》记述：“是以陶钧文思，贵在虚静，疏瀹五藏，澡雪精神。积学以储宝，酌理以富才，研阅以穷照，驯致以怿辞，然后使元解之宰，寻声律而定墨；独照之匠，窥意象而运斤。此盖驭文之首术，谋篇之大端。”[③]从培养虚静之心开始，然后以自己的学识为基础，形成自己的内心意象，这本质上即是艺术构思，但这个心中意象并不是能够完全得到呈现。“方其搦翰，气倍辞前；暨乎篇成，半折心始。何则？意翻空而易奇，言征实而难巧也。是以意授于思，言授于意；密则无际，疏则千里。或理在方寸，而求之域表；或义在咫尺，而思隔山河。”[④]为何不能完全呈现自己的构思呢？因为言来源于意（言授于意），而意又来源于思，那么思又从何来？即是“积学、酌理、驯致、研阅”所得。这里“言←意←思”的关系同“立象以尽意”的“言←象←意”就发生了微妙的变化，“言←意←思”中的“意”已然是艺术构思

①郭绍虞，罗根泽．文则·文章精义［M］．北京：人民文学出版社，1960：12．
②王弼．周易注疏［M］．上海：上海古籍出版社，1989：311．
③周振甫．文心雕龙今译［M］．北京：中华书局，1986：247．
④同上，第247页．

的内心意象了，这里的意象是中介，而非目的，可见图1-5之比较：

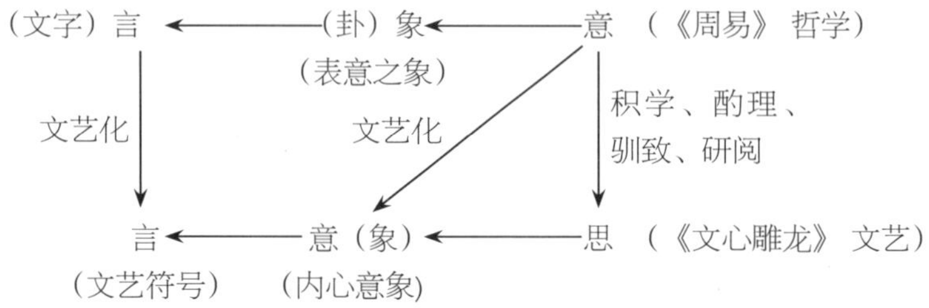

图1-5 “表意之象”《周易》与“内心意象”《文心雕龙》的联系与比较

在美术创作中，内心意象在郑燮画竹的经验描述中与此非常一致：江馆清秋，晨起看竹，烟光、日影、露气，皆浮动于疏枝密叶之间。胸中勃勃遂有画意。其实胸中有竹，并不是眼中之竹也。因而磨墨展纸，落笔倏作变相，手中之竹又不是胸中之竹也。总之，意在笔先者定则也；趣在法外者化机也。独画云乎哉！[①]这里的胸中之竹则也正是刘勰所言的意象——艺术构思。

在艺术意象渐趋成熟、独立的时候，尚有两点需要说明：一则，意象的含义依然保持着纳新而不吐故的包容性，即原始的象征意味常常是潜藏的意义深层；二则，文学中的意象与美术中的意象出现了分离的开端。在第一层次的意义上，即荣格所言“集体无意识”[②]在艺术中的作用：“原始意象或者原型是一种形象（无论这形象是魔鬼，是一个人还是一个过程），它在历史进程中不断发生并且显现于创造性幻想得到自由表现的任何地方。因此，它本质上是一种神话形象。”[③]中国传统文化因为地域上的相对封闭，这种意识的显现也体现出其延续性。第二层意义，绘画艺术从现有资料文献看，在功能、门类以及语言技巧并没有达到文学的成熟水平，如唐张彦远（618年—907年）在《历代名画记》中的记述就认为当时的山水的不成熟：“魏晋以降

①俞剑华.中国古代画论类编[C].北京：人民美术出版社，1957：1173.

②集体无意识即指在历史发展过程中某一种族全体成员心理上的积淀物，其背后是相对应的社会结构。“无意识神话学的原始意象是人类共同的遗传物，我把这一领域称为‘集体无意识’，用以区别于个人无意识。”见荣格：《荣格文集》，改革出版社1997年版第225页。

③荣格.荣格文集[M].冯川，译.北京：改革出版社，1997：226.

名迹在人间者，皆见之矣。其画山水，则群峰之势，若钿饰犀栉，或水不容泛，或人大于山，率皆附以树石，映带其地，列植之状，则若伸臂布指。”[①]并认为“山水之变始于吴，成于二李”[②]。而早期的论画多从功能叙述，且少专门画论[③]，从道德教化功能表述绘画如曹植（192年—232年）在《魏晋胜流画赞》中认为绘画“是之存乎鉴戒者图画也”[④]，王延寿认为绘画“恶以戒世，善以示后”[⑤]等。美术在教育功能背后的基础功能则是记录功能，正如陆机（261年—303年）所谓“宣物莫大于言，存形莫善于画”。这是言论中寻找的证据说明，绘画当时的水平尚不完善。从历代的画迹中我们也可以发现，真正“存形”技术发展到极致的乃是到宋代，诚如高居瀚（James Cahill）所言：“有宋一代（960年—1280年），人物画虽仍属鼎盛，花鸟走兽绘画的精美程度则是前所未见，且心理深度的描写也非后世所能匹敌”（有些学者如陈传席教授认为绘画发展水平比文献记载的要成熟的多）[⑥]。文章在这里要申论的是：魏晋以前与文学相比，绘画本身尚不完善，但是，文论与画论却几乎同时达到了成熟的水平，我们可以把当时具有代表性艺术文论成文时间作比较（表1-1）：

---

①张彦远．历代名画记[M]．俞剑华，注译．南京：江苏美术出版社，2007：31-32.

②同上，第32页.

③如《论语》论画倾向道德价值，六艺“诗、书、礼、乐、射、御”中尚无美术；《考工记》论颜色都从象征处来。而《韩非子》《淮南子》、张衡等均讨论过“画鬼易”的问题，可见当时写实绘画水准尚不够完善。而论衡认为“竹帛之所载灿然，岂图墙壁之画哉”更是对绘画功能价值的贬斥，认为是无法和文字比较的。相关文论辑要参见俞剑华：《中国古代画论类编》，人民美术出版社1957年版。

④俞剑华．中国古代画论类编[C]．北京：人民美术出版社，1957：12.

⑤同上，第10页.

⑥陈传席认为：“部分山水画还是具有更高水平的。从顾恺之的山水画构图稿文字记录看来，当时的山水画是有一定深度的，前后、左右、上下皆有安排，树石、道路、泉流，绝不会‘若钿饰犀栉’。这从汉画像石中也可得到证实，汉画像石的作者无心作山水，山水尚且层次清楚。前后、上下、纵深的感觉尚好，岂有几百年后，专意画山水反而不及呢？见陈传席：《中国山水画史》，天津人民美术出版社2001年版第21页。而李福顺教授认为“就艺术表现而论，尚处在由重形向形神并重的过渡阶段”，而这个阶段的绘画不似自然、少细致刻画以及画得不够好乃是“过渡期绘画所不可避免的缺点”。见李福顺：《中国美术史》（上），辽宁美术出版社2000年版第291页。

表1-1 魏晋时期代表性艺术文论时间对照表[①]

年代（220年-581年）	画论	书论	文论	乐论
217年			曹丕（187年—226年）《典论论文》（217年）	
220年				阮籍（210年—263年）《乐论》
300年		卫夫人（272年—349年）《笔阵图》	陆机（201年—303年）《文赋》（300年）	嵇康（223年—263年）《声无哀乐论》
380年	顾恺之（348年—409年）《魏晋胜流画赞》（约380年前后）、《画云台山记》（约380年前后）	王羲之（303年—361年，一作321年—379年）《王右军题卫夫人笔阵图》（传）		
430年	宗炳（375年—443年）《画山水序》（约430年前后）			
440年	王微（415年—443年）《叙画》（约440年前后）	王僧虔(426年—485年）《论书》		
490年	谢赫（生卒不详）《古画品录》（约490年前后）			
501年			刘勰（约465年—520年）《文心雕龙》（约501年—502年）	

①此表主要参考文献有：俞剑华. 中国古代画论类编[C]. 北京：人民美术出版社，1957.
李来源，林木. 中国古代画论发展史实[M]. 上海：上海人民美术出版社，1997.
北京大学哲学系美学教研室. 中国美学史资料选编（上）[M]. 北京：中华书局，1980.
袁行霈. 中国文学史（第二卷）[M]. 北京：高等教育出版社，1999.
张少康，刘兰富. 中国文学理论批评发展史（上）[M]. 北京：北京大学出版社，1995.

续表

514年			钟嵘 （468年—518年） 《诗品》 （约514年—516年）	
550年	萧绎(508年—554年)《山水松石格》（约550年前后） 姚最（535年—602年，或531年—601年)《续画品》（约550年前后）			

在文学上，魏晋南北朝的文学理论与批评比文学创作更繁荣，曹丕的《典论论文》、陆机的《文赋》、刘勰的《文心雕龙》、钟嵘的《诗品》、萧统《文选》和徐陵《玉台新咏》等文学总集的出现，标志着文学批评与理论的高峰，“文学理论与批评的兴盛是与文学自觉联系在一起的”[①]。文学从学术中分离出来形成对审美的自觉追求正与美术相似。这个追求的背后是特定的社会背景导致老庄思想的盛行，在文艺理论领域，嵇康的《声无哀乐论》可谓先声，嵇康从反对传统乐教始，继而将音乐的价值认同为精神寄托的意象关系，进而引发对音乐语言自身形式美探究。这为以后的文学、美术理论的探索提供一个上佳的摹本。而“汉代以来文人参与绘事，改变了绘画纯系工匠者流的状况。文人作画，必然要把一种深厚的文化修养带进绘画创作中去。同时，从事绘画的文人们又有能力、有兴趣对绘画实践做出理论性的分析、研究、总结，再加上痛苦历乱的社会引发的哲理的思辨及追求在著书立说中的不朽等因素，使魏晋南北朝成为我国美术理论发展史上第一个高潮”[②]。例如，《画山水序》完整地描述了纯粹的审美心理的过程：“澄怀观道（圣人含道映物，贤者澄怀味像）→应目（目亦同应）→会心（心亦俱

①袁行霈. 中国文学史（第二卷）[M]. 北京：高等教育出版社，1999：5.
②李来源，林木. 中国古代画论发展史实[M]. 上海：上海人民美术出版社，1997：33.

会）→畅神（神之所畅，孰有先焉）。”[①]而谢赫的“六法论”[②]堪称绘画理论之纲领。这些画论从魏晋的艺术自觉氛围中卓然跃出，成为承上启下的美术文论宝典。

前文言及当时美术之成熟远不及文学，而同时代文论之集大成者《文心雕龙》，却出现于最具影响力的画论《古画品录》之后，可见，当时的文艺理论的成熟是基于同一社会文化背景而相互融汇，正如魏晋时期不仅是山水画开始从画面背景中独立出来，其时也正是山水诗独立的时代。陈传席教授言及“从玄学——玄言诗——山水诗（玄言尾巴）——山水画论（澄怀观道）的发展来看，其根深仍在玄学，就是说山水画仍具有玄学的祖痕”[③]。尤其文人参与绘画，使美术的地位上升；音乐、文学理论形成后与绘画理论的交融，终导致美术理论的早熟，并且缘玄学兴起与老庄思想在绘画的精神源头上接轨，这个美术理论的精神指导基本规定了中国艺术的意象性特征。

以上叙述力求说明当时艺术理论的影响与变化关系，结论是：美术理论受音乐、文学理论的影响，早熟是其善，其不善则是导致后来我国的美术理论一直笼罩在文学理论之下，甚至无法从文学理论中独立出来。这种介入至今仍然对美术理论有着巨大的影响，其中，“意象”概念的混淆大多源于此。下文“泛化意象”部分中将集中阐明泛化意象背后文学意象与美术意象的关系。回过头来看，即便当时评价优异的画家，在理论上深刻理解形神兼备的妙理，但在实践上，后辈则远远超越了他们。众多艺术门类的理论成熟的同时，因为表现语言的不同，也酝酿了文学理论与绘画理论分离的开端。

三、泛化意象——文学意象与美术意象的分离

“意象”包含“意”与“象”两个方面，文艺理论不断发展以后，“意

---

①宗炳. 画山水序 [M] //李来源，林木. 中国古代画论发展史实. 上海：上海人民美术出版社，1997：48.

②六法论即：“一气韵生动是也，二骨法用笔是也，三应物象形是也，四随类赋彩是也，五经营位置是也，六传移模写是也。”见谢赫：《古画品录》，载李来源、林木：《中国古代画论发展史实》，上海人民美术出版社1997年版第55页。

③陈传席. 中国山水画史 [M]. 天津：天津人民美术出版社，2001：20.

象”一词的运用上有人偏向“意”，有人偏向“象”（从总体发展而言是从重“象”转向重“意”），也有人将“意象”一词作为整体使用。随着文艺审美功能的强化，以前含有哲学意蕴的意象慢慢发生了分解，需要新的概念来界定，就独立审美意义的传达而言，在文学领域不断出现新的更精到的词汇，如兴象、意境、境界等，其中的“意境”一词逐渐在文学理论中发展起来，成为解读文学，尤其是诗歌的重要概念。但是“意象”的概念依然不断延续，虽在文学上不断被新的词汇替代，在美术领域却依然保持着难以取代的重要性，并不断借用文学概念，充实着美术中的意象。

“意象”在《文心雕龙》中是内心意象、艺术构思，一件艺术作品需要完美的意象表达，文论研究中很多学者将意象的结合旨归于意境。正如王昌龄（690年—756年）所言，“久用精思，未契意象”，所以要“搜求于象，心入于境，神会于物，因心而得”。要做到“心神”对“境物”领会。[①]只说“意”或者只说“景”的诗还是有欠缺的，要“景与意相兼始好”才是好诗。所以，权德舆（759年—818年）在此基础上认为：“凡所赋诗，皆意与境会”。[②]意与境的结合的目的还是要抒发人的情感，境是引发、寄寓情感的：“诗情缘境发”“缘境不尽曰情”。[③]意境的获得与创造是情与景的交融，王夫之（1619年—1692年）说“情、景名为二，而实不可离。神于诗者，妙合无垠。巧者则有情中景，景中情。”[④]宗白华说：“什么是意境？唐代大画家张璪论画有两句话：‘外师造化，中得心源。’造化和心源的凝合，成了一个有生命的结晶体，鸢飞鱼跃，剔透玲珑，这就是‘意境’，一切艺术的中心之中心。”[⑤]“意境是‘情’与‘景’（意象）的结晶品。”[⑥]可以这样说，意境是对意象理论的深化，意象是象中求意，意象契合是主要矛盾；意境则是在意象契

①张少康. 中国历代文论精选二[M]. 长春：时代文艺出版社，2003：7.

②权德舆. 左武卫胄曹许君集序[M]//董浩. 全唐文（第490卷）. 北京：中华书局，1983：5002.

③皎然. 诗式校注[M]. 李壮鹰，校注. 北京：人民文学出版社，2003：70.

④王夫之. 姜斋诗话[M]. 戴鸿森，注. 北京：人民文学出版社，1981：72.

⑤宗白华. 宗白华全集（第二卷）[M]. 合肥：安徽教育出版社，1994：326.

⑥宗白华. 美学散步[M]. 上海：世纪出版集团，1981：70.

合的基础上，象外求意，是“意象”中“意”一极的强化。

意象广义的涵义很宽，意象的涵义除了“表意之象”与“内心意象”外，又增加了很多的意思，例如神态、想象、意境、心境等[①]，尤其在文艺理论中，意象的概念慢慢转移到了以意境为中心的表达。这也就意味着意象概念不断泛化了。但是对意境的探讨又常常会还原到意与象、情与景的关系中。如何景明（1483年—1521年）论诗：“夫意象应曰合，意象乖曰离，是故乾坤之卦，体天地之撰，意象尽矣。”[②]叶燮《原诗》内篇下：“必有不可言之理，不可诉之事，遇之于默会意象之表，而理与事无不灿然如前者也。”[③]意象是意境的基础意义还是很明显的。

意象泛化、意境突出，是文艺理论的深化，这种现象在文学理论上表现得尤其明显。美术理论从文论中吸收了营养，以意象论画并不像文论中那样渐趋衰微，依然伏脉千里，烛照到今天的美术理论益显光彩（意象常常在画论中出现相似的语言替换，如形神关系、形意关系、笔意关系等）。我们略览一些历代论画的一些例子：南朝宗炳《画山水序》阐发绘画意象的义理；唐张彦远《历代名画记》开篇《叙画之源流》即讨论书图画意象的关系等内容；[④]五代荆浩《笔法记》言：“画者，画也。度物象而取其真。”且通篇多处

---

①《汉语大词典》对意象的解释即包含以上诸项：亦作“意像”，1. 谓寓意深刻的形象。汉王充《论衡·乱龙》：“夫画布为熊麋之象，名布为侯，礼贵意象，示义取名也。”2. 经过运思而构成的形象。南朝梁刘勰《文心雕龙·神思》：“然后使玄解之宰，寻声律而定墨；独照之匠，窥意象而运斤。”明何景明《画鹤赋》“相意像而经营，运精思以驰骛。”3. 神态，风度。《汉书·李广传》：“广不谢大将军而起行，意象愠怒而就部。”宋周煇《清波杂志》卷五：“既入，见茅屋数间，二道人在焉，意象甚潇洒。”清方苞《与陈密旃书》：“与公始相见，窥其意象，即不类与时人。”叶圣陶《伊和他》：“他脸上现出来的意象，仿佛一朵将开的花。”4. 想象。宋沈作喆《寓简》卷九：“唐天宝中，有尚书郎张璪，性喜绘画，多出意象之表，松石尤奇。”矛盾《无题》二：“他心中早已有那么一个配作女主角的女性……而且这意象中的女主角也跟着一年年长大了。”5. 印象。清朱琦《北堂侍膳图记》：“每于中夜，彷徨却顾，不独儿时意象，邈难再得，即曩昔家居骨肉聚处之乐，亦悄然如梦，不可追忆。”6. 意境。7. 心境。见《汉语大词典》（第七卷），上海辞书出版社1986年版第643页。

②郭绍虞. 中国历代文论选（第三册）[M]. 上海：上海古籍出版社，2001：37.

③同上，第352页.

④张彦远. 历代名画记[M]. 俞剑华，注译. 南京：江苏美术出版社，2007：1-3.

围绕“象”进行阐述；[①]宋黄休复《益州名画录》言“关乎象而忘象，意先自然”[②]；宋郭若虚《图画见闻志》开篇也以意象阐发义理，文中也多以意象论画如“意存笔先，笔周意内，画尽意在，像应神全”[③]。明王绂（1362年—1416年）《书画传习录》：“兴至则神超理得，景物毕肖；兴尽则得意忘象，矜慎不传”；[④]晚明李日华云：“大都画法以布置意象为第一”；[⑤]王履《华山图序》言：“意在形，舍形何所求意？”[⑥]石涛言：“以画写形，理在画中；以形写画，情在形外”。[⑦]

何以如此？文中认为，这是由绘画语言和文字语言的基本特征决定的，在文论中常常以诗与画的关系出现。绘画相对于文字而言，文字更为抽象（原始文明绘画先于文字，文字是绘画的抽象），用语言描绘视觉有更大的自由性，如果以意境的获得作为艺术创作的目的，文学意境的获得需要经历一个无形的文字符号有形化的过程，这里称为“象化”过程；而绘画意境的获得则要使有形的图像无形化，才能够获得图像所传达的情感，这里称为“意化”的过程。正如阿恩海姆所论证的：“纯粹的语言思维是不产生任何‘思想’的思维〔或无思想思维（thoughtless thinging）〕的典型。它只是自动地从‘储藏’中原封不动地恢复某种‘关系’。它是有用的，但又是不生育的（或缺乏创造性的）。那么是什么东西使语言成为思维的不可缺少的东西呢？这种东西绝不是语言本身！我们认为，思维是借助于一种更加合适的媒介——视觉意象——进行的，而语言之所以对创造性思维有所帮助，就在于它能在思维展开时把这种意象提供出来。”[⑧]也即强调了思维中视觉意象的媒介性特点，总结以上观点，可以将文学与绘画表达过程比较如下：

---

①荆浩. 笔法记[M]//何志明，潘运告. 唐五代画论. 长沙：湖南美术出版社，1997：251.
②黄修复. 益州名画录[M]//云告. 宋人画评. 长沙：湖南美术出版社，1999：116.
③郭若虚. 图画见闻志[M]. 俞剑华，注译. 南京：江苏美术出版社，2007：24.
④李来源，林木. 中国古代画论发展史实[M]. 上海：上海人民美术出版社，1997：193.
⑤同上，第230页.
⑥王履. 华山图序[M]//李来源，林木. 中国古代画论发展史实. 上海：上海人民美术出版社，1997：190.
⑦李来源，林木. 中国古代画论发展史实[M]. 上海：上海人民美术出版社，1997：310.
⑧[美]阿恩海姆. 视觉思维[M]. 滕守尧，译. 北京：光明日报出版社，1987：341.

文学（意性符号）→象化（无形有形化）→意境（情感）

绘画（象性符号）→意化（有形无形化）→意境（情感）

美术中的意象相比诗歌里的意象而言，更具体，无法脱离形象，因此当文学和美术都作为一种符号而言，文学更趋向于“意性”，美术更倾向于“象性”。画可以成诗，但并非所有的诗歌都可以成画，诗歌意境的获得有赖意象之生成，诗歌里的意象则是典型的心中视象，也正是《文心雕龙》里的意思。上文言及，中国艺术传统中，文学理论一直笼罩着美术理论，意象研究在古代画论中多研究其合，如“诗画一律”“诗原通画”等，而较少研究其分[①]，画家说意象用文学理论阐释，文学说意象又运用美术原理说明。区分就在于，诗歌中的象是中介性的，而画中的象是基础性的，相比较而言，诗歌的意象再实也是虚，绘画的意象再虚也是实，因为绘画必须通过实在的形体、色彩去表达，在这一层上，文学语言相对于绘画语言，更为抽象。诗歌意象与绘画意象并不是没有区分，而是和而不同，它们之间需要进行“意化”与“象化”的转换，转换中则有大量的空间等待联想与想象的填充，以实现意境体验的获得。

绘画与诗歌如果一个意象标准，则会因为语言不同而产生排斥，把它们当作意象的不同层面就是互相生发补充，因此诗歌可以读画，画也可以解诗。但大多以诗解画易（语言的抽象空间更为丰富，因此成为阐释的主要工具），以画解诗难（以具象解读抽象，化虚为实，所谓“空本难图”）。在文学领域，意象与意境相互融合，更容易表达，而在绘画中，意象如果以意境为目的，则意化中介的成功与否是一个关键了。正如宗白华谈到美术作品虚实关系时所言：“艺术家创造的形象是‘实’，引起我们的想象是‘虚’，由

①诗与画关系的研究颇多，著名的如莱辛（Gotthold Ephraim Lessing，1729年—1781年）的《拉奥孔》，从诗歌与绘画语言载体特征上说明了绘画静止而局部、诗歌运动而整体的描写特点，拉奥孔为了符合形式美的特点，不能像诗歌里一样表现出痛苦极致。但是，莱辛的时代和他所讨论的是西方古典艺术，在后来的浪漫主义以及现代主义以后，纯粹的形式和谐美已经被打破。见莱辛：《拉奥孔》，人民文学出版社1984年版。钱锺书在《中国诗与中国画》一文中论及中国诗歌中的正宗是以杜甫为代表的儒家正统，而相当于神韵派诗歌的绘画南宗风格却是绘画中的正宗，因此提出要考虑诗与画的功能和领域的异同。而对于载体的具体差异和决定性影响没有进行论述。见钱锺书：《七缀集》，生活·读书·新知三联书店2002年版。

形象产生的意象境界就是虚实的结合，一个艺术品，没有欣赏者的想象力的活跃，是死的、没有生命的，一张画可以使你神游，神游就是'虚'。"[①]

我们可以用诗画关系中的名著——莱辛（Gotthold Ephraim Lessing，1729年—1781年）的《拉奥孔》中的叙述来阐述，莱辛认为美术是静止和局部表现的，而诗歌是运动的、整体的，诗歌描写事物需要"化美为媚，媚就是在动态中的美"[②]。美术是用空间的并列来描写事物，而诗歌是用时间的延续和暗示的方式来描写事物。虽然莱辛所说的美术是西方古典美术，美术在后来有了很大发展，但是他已经从诗歌与美术表现载体的特征上对之进行了区分，美术的载体"形"是研究的重要一面，也是区别于文学的本质特点，对美术做形式区分是理解美术意象与文学意象区别的基础，而且，美术意象脱离于文学意象也是对美术意象的松绑。

谈到意象问题，有些学者建议将中国艺术理论划分为再现和表现，再现以客观现实的典型为特征，表现则包含意象和意境两个部分。这里意象为其原始意，即象征性的表意之象；意境则是情景交融的表达方式。[③]这样区分比较完整，有其合理性，但有几点需要商榷：第一，艺术理论不能违背艺术现象进行划分，既然意象概念已经发生拓展，将意象再复归本源，就忽略了意象自身的发展特点；第二，这种区分是以西方文艺理论为框架，强调了共时性，没有强调历时性；第三，主要是从文学的角度谈艺术形象，没有关注美术载体和文学载体的差别。

美术意象需要进行形象的划分的研究，在现代语境中，具象、意象与抽象作为美术形象的区分是从中西比较中自然分离出来的划分方式，下一小节将详述。表意之象从原理上道出意象的基本涵义，可以认为是一切艺术的基本理论前提，而其后意象的发展在美术中的不可替代，是因为，意象的原理即是基于图形而来，图形是绘画表现的基本语汇，脱离图形，则图画亡。

从美术角度看，意象在美术理论中的发展主要经历了以下变化：先始为

---

①宗白华.宗白华全集（第三卷）[M].合肥：安徽教育出版社，1994：454.

②[德]莱辛.拉奥孔[M].朱光潜，译.北京：人民文学出版社，1984：121.

③顾祖钊.艺术至境论[M].天津：百花文艺出版社，1992：102.

表意之象；魏晋时期主要为内心意象；宋代以前，美术意象主要关系是形与神的关系，也即象是否能够达意，这时候的意开始倾向于艺术意境。究其原因也是由于绘画写实水平尚在不断完善；元代以后，文人画兴起，书法与绘画结合得更为密切，绘画理论讨论意象就更多地倾向对意的传达，不再将写实再现作为主要目的；到了明清，社会思潮发生变化，对个人感情的抒发与艺术家主体感情的发挥成为美术表现的主要取向。罗樾（Max Loehr）将中国绘画发展分为四个阶段：装饰艺术（新石器时代到周朝）、再现艺术（汉代到南宋）、超再现艺术（元代）、历史性的东方艺术（明代、清代）。[①]这个发展的过程也正体现了中国美术发展从“重意”到“重象”再到“重意”的过程，这是符合事物发展螺旋上升的规律的。不管是重意还是重象，中国美术始终在“似与不似之间”寻找意义传达，这“不似”可谓抽象，而“似”可谓具象，当西方艺术渗透以后，这种“似与不似之间”的形式与精神都一下子彰显出来了。

四、意象的现代综合阶段——美术意象“形”的区分，心理学意象与美术的融通

由于西方艺术的比较和西方心理学研究的渗入，中国传统意象受到了很大的影响，同时，也使中国传统审美意象的特点充分显露了。严格地说，西方并没有和中国对应的意象一词的翻译，雷蒙·威廉斯（Raymond Williams）在《关键词：文化与社会的词汇》一书中对意象（image）做了大致的梳理：image最早意涵在13世纪以前指人像或肖像。它与imitate（模仿）与imagination（想象、虚构）词义的演变有着基本关系。imitate与imagination属于心理概念，就设想不存在的东西或看不见的东西而言，它们与image早期意涵是有共通性的。然而直到16世纪以后，这一层含义才再次从image专指人像或肖像中延伸出来。16世纪以后，image的意涵被拓展，用来指涉心智层面。17世纪后成为文学里的一种专门用法，类似于比

① [美]方闻. 心印——中国书画风格与结构分析研究[M]. 李维琨，译. 西安：陕西人民美术出版社，2004：10.

喻。而意象泛指心象、意念的用法也很普遍。在现代，image将常用于电影、绘画或广告中的典型的形象[①]。以下就西方意象在心理学与艺术上的发展简述。

在心理学层面，《简明不列颠百科全书》解释意象（imagery）为“人脑对事物的空间形象的大小和信息所做的加工和描绘。和知觉图像不同，意象是抽象的，与感觉机制无直接关系，精确性较差，但可塑性却较大”。《辞海》中解释为“表象的一种。即由记忆表象或现有知觉形象改造而成的想象性表象。文艺创作过程中意象亦称‘审美意象’，是想象力对实际生活所提供的经验材料进行加工生发，而在作者头脑中形成的形象显现”。[②]心理学意象和艺术中的意象有很大关联。在20世纪随着西方艺术心理学的发展，心理学与艺术的结合成为研究的一个重要途径，如阿恩海姆在《视觉思维》中运用心理学的方法，强调了视觉意象的价值。[③]这对美术教育功能的拓展有着重要的理论意义。

在文学层面，西方主要是20世纪初在日本俳句和中国诗歌意象的影响下发起意象主义诗歌[④]运动。在当时文坛盛行以理性为重心而非感性的氛围中，他们选择身边的一些自然事物作为表现的内容，“表现形式短小、精炼并散发睿智的光芒”[⑤]。期望读者通过这些自然事物描写，获得对意象的观

---

①[英]雷蒙·威廉斯.关键词:文化与社会的词汇[M].刘建基，译.北京：生活·读书·新知三联书店，2005：224.

②辞海编辑委员会.辞海[M].上海：上海辞书出版社，1999：5769.

③[美]阿恩海姆.视觉思维[M].滕守尧，译.北京：光明日报出版社，1987.

④意象派是20世纪初最早出现的现代诗歌流派，1908年—1909年形成于英国，后传入美苏。代表人物有：休姆（Thomas Ernest Humle，1883年—1917年）、庞德（Ezra Pound，1885年—1972年）等。意象派诗歌吸收东方诗歌的特点，强调用对自然事物的观照取代当时流行的理性中心的诗歌思维。其特点正是：“lmagist poems tend to be short，sharp glimpscs”，后期对意象越来越求简洁，如Norman Camcron在作品中仅仅使用一个意象。由于这种诗歌形式脱离了欧美诗歌整体意象以叙述传统，再加上当时一战的社会背景，20世纪30年代后即渐趋衰落了。见Ronald Carter, John McRae:The Routledge History of Literature in English, New York:Taylor&Francis e-Library, 2002 editon.

⑤ RONALD CARTER，JOHN MCRAE. The Routledge History of Literature in English [M]. New York: Taylor&Francis e-Library，2002：358.

照体验。这些诗歌意象为西方对艺术意象的解读提供了材料，即艺术所传递的意象是整体的意象，独立的意象符号必须服从整体意象。苏珊·朗格将符号区分为“艺术符号”和“艺术中的符号”，前者是一件完整的艺术作品传达的意象，符号即是意象全部，而后者只是组成艺术符号的构成部分，“这些符号的含义却不是整个艺术品传达的‘意味’的构成成分。它只能作为传达这种意味的形式的构成成分或是这个表现性形式的构成成分”。[①]文学与美术相比较，在整体意象上可以获得近似的审美体验，但是在“艺术中的符号”即基本表现语言上，则有很大区分。

美术语言的基本语汇即是“形”，脱离“形”是无从谈论美术与美术教育的，尹少淳指出“美术是诉诸于视觉的，视觉所感受的对象则是‘形’（色，依附于形，故此处归为形而一并论之），那么，很明显，‘形’就是美术的基础要素。……美术的基础要素‘形’也应该是美术教育的基础要素。美术教育的诸种价值也是由‘形’而生的”[②]。中国传统美术的意象对形神的要求是一以贯之的，即便美术表现也经历追求再现到舍形求神，但是自始至终都保持着“似与不似之间”的形象标准，在具体的表现手段上，和西方比较，再现视幻觉的能力是无法和西方“全因素”表现手法相抗衡的，西方在19世纪以后，美术渐走向抽象一极。对于西方美术中“形”的划分，阿恩海姆指出现实主义和现代艺术在一般的意义上被认为是真实再现现实和远远脱离现实的对立的两个极端，在它们之间则是对事物相貌特征数目的不断减少，“在最近的几十年中，现代派艺术在表现物理世界时，逐渐显示出一种减少其相貌特征的数目的趋势。当这种趋势发展到顶点的时候，艺术便变成了‘抽象’的艺术”[③]。那么在“形”上而言，“似与不似”中国传统的美术表现正是处在再现与抽象的两极之间（书法可谓抽象一极，但是已经形成独立的表现形式与内涵，在中国有着与绘画相独立的体系）。

---

①[美]苏珊·朗格.情感与形式[M].刘大基，傅志强，周发祥，译.北京：中国社会科学出版社，1988：131.

②尹少淳.美术及其教育[M].长沙：湖南美术出版社，1995：242-244.

③[美]鲁道夫·阿恩海姆.艺术与视知觉[M].滕守尧，朱疆源，译.成都：四川人民出版社，2005：182.

“再现与表现”是西方艺术形式划分方法的一种，划分的依据是受古希腊传统而来的模仿说（imitation）和后来浪漫主义兴起后的表现说（expression）[①]，而模仿说与今天的艺术中的再现（representation）可谓一脉相承[②]。广义而言，一切艺术都具有表现性与再现性的双重统一，正如一切艺术都包含了抽象的因素一样。具体到视觉艺术，柯蒂斯（Deborah Curtiss）从形象区分为再现的（representational）、抽象的（abstract）与非再现的（nonrepresentational）。再现，即描述那些通过我们对真实世界经验可以被感知的事物和景象；[③]抽象通常指涉那些视觉内容，就我们所知的真实世界感知程度上有所下降。对于抽象，柯蒂斯又区分为客观抽象（objective abstraction）与纯抽象（pure abstraction），又称非客观抽象（nonobjective abstraction）。所谓客观抽象指“不真实的描述客观事实，这样是为了关注事物的本质，但事物本身的形状会变化或变形以强调其本质，达到去伪存真。这样的抽象还会保留原初的风景、景物或者人像的一些特征”[④]。而非再现（纯抽象）指没有任何可识别的再现内容，“非再现视觉描述经常是受形式主义诸如几何形、颜色、形状以及材料影响。在这个领域里，物质材料作品的外观、要素以及构成原则，期望从众多的内容与组织联系中获得表现与自由。核心是作品自身，完全由它的创造性进程主宰”[⑤]。

---

①[美]M. H. 艾布拉姆斯. 镜与灯——浪漫主义文论及批评传统[M]. 郦稚牛，张照进，童庆生译. 北京：北京大学出版社，1989.

②[美]H. G. 布洛克. 现代艺术哲学[M]. 滕守尧，译. 成都：四川人民出版社，1987：32.

③柯蒂斯将具象分为现实主义（realism）即尽可能按照我们看到的真实世界再现；自然主义（naturalism）即尽可能自然地描述事物，既不拔高自然，也不逢迎事物；超级写实（trompei'oeil法语，"fool the eyes"）（见Deborah Curtiss:Introduction To visual Literacy, Englewood Cliffs:Prentice Hall, 1987 edition.）

④"Objective abstracton is the nonrealistic depiction of nature forms. Here, there is a concentration on the essence of the object, but the object itself has been altered or distorted in order to emphasize or reveal qualities that are not otherwise apparent. Such abstract visual statements may have as their source of inspiration landscape, still-life, or the human figure."（见 Deborah Curtiss:Visual Literacy——a guide to the visual arts and communication. Englewood Cuffs:Prentice Hall, 1987 edition.）

⑤DEBORAH CURTISS. Visual Literacy——a guide to the visual arts and communication[M]. Englewood Ctiffs: Prentice Hall，1987：78.

综合阿恩海姆和柯蒂斯对形象划分的表现，西方艺术形式的划分可以分为再现、客观抽象与纯抽象。中国传统美术和西方相比则基本可以比附于客观抽象，再现一词更符合于美学的层面，在西方传统艺术中，形象更多用具象（figurative）①一词来表述，那么在具象与抽象之间，则是广阔的“意象”空间。“意象”一词，“不确定”的心理学特征，不仅可以表达中国美术形式表达上的主观性，而且也使得中国美术更多地体现为意的追求，是在意中求得事物的本真（度物象而取其真）。②与客观抽象是为了更好地表达事物的本质可谓不谋而合。

结论：

第一，与中国传统审美意象比较，以英文为代表的Image也是体现了一个动态的阐释关系，只是其范围比中国传统审美意象要广泛，在最终表达情感的价值上具有一致性，而且都体现出一种整体意象的倾向。第二，在美术形象划分上综合中西方艺术特点，有必要划分为具象、意象、抽象三个范畴。第三，在中国传统意象上，是与西方文化对比中产生的以中国文化精英传统为核心的审美意象。第四，将形化意象与中国传统审美结合，是进行中国传统意象审美教育有效传达的途径（参见图1-3及相关阐述）。

如果将中国传统审美意象作为一个整体的符号，那么这些符号（象）的特征是什么？这些符号传达的内容（意）是什么？它们是如果进行结合的？其价值何在？又如何进行有效传达？这就是下面章节要阐述的内容。

---

①无论主次，描述人像、动物植物皆可用figurative表示，尤其在西方传统艺术中，包括肖像、各种环境中的人像以及人体。见Deborah Curtiss:Visual Literacy——a guide to the visual arts and communication, Englewood Cuffs:Prentice Hall, 1987 edition.

②荆浩. 笔法记[M]//何志明，潘运告. 唐五代画论. 长沙：湖南美术出版社，1997：251.

贰 [第二章]

美术教育传达需要通过美术本体，其载体是美术作品的形式语言。中国传统美术形式是怎样表达审美意象的呢？本章节即通过对其形式的解读，寻找中国传统审美意象的表达方式的基本特征，在形式语言层面为美术教学实践服务，这也是对中国传统审美意象研究从美学解读转向形式技法解读。形式技法是通往实践的基础环节，毕竟"'形'是美术的根本内容和主要手段"[①]。

第一节　线、运动、延续时间性与意象

一、线与运动、时间

组成形的基本要素是"点、线、面"，进而构成体积、空间的概念。康定斯基（Wassily Wasilyevich Kandinsky，1866年—1944年）认为"线是点的运动的轨迹，因而是点所产生的。线产生于运动——而且产生于点自身隐藏的绝对静止被破坏之后。这里有从静止状态转向运动状态的飞跃"。[②]因此，在线的表现过程中，就具有了运动的特点和方向性（图2-1①）。当然，任何图画都是瞬间时间的静止之物，对于线条表现出的运动，赫伯特·里德（Herbert Read，1892年—1968年）用移情说的观点进行了解读："因为线条本身不会运动，也不会弹跳，而是我们想象自己沿着线条的方向在弹跳，是我们的肉体感觉通过某种方式外射到线条中去了。"[③]

任何运动都源于力的作用，说到视觉形象中的力的体验，阿恩海姆（Rudolf Arnheim，1904年—2007年）在《艺术与视知觉》中阐述："我们可以把观察者观看到的这种'力'，看作是活跃在大脑视中心的那些生理力的心理对应物，或者就是这些生理力本身。虽然这些力的作用是发生在大脑皮质中的生理现象，但它在心理上却仍然被体验为是被观察事物本身的性

---

①尹少淳．美术及其教育[M]．长沙：湖南美术出版社，1995：188.
②[俄]康定斯基．论艺术的精神[M]．查立，译．北京：中国社会科学出版社，1987：128.
③[英]赫伯特·里德．艺术的真谛[M]．王柯平，译．沈阳：辽宁人民出版社，1987：30.

质。”[①]当视觉形式中出现了各种力的均衡与变化，视觉形象便表现出了延续时间的体验——线条发生了运动。

线条运动的特点我们可以从图2-1来分析。线条在单独呈现的时候运动与方向的特点最为明显（图2-1①）；当出现多条线的时候，因为线条方向性不同力的感觉反而削弱了（图2-1②）；当线组合成面的时候，线条的方向形成均衡，单个线条的方向性与力服从于整体的面，运动感也削弱，如果是一个均衡的面，则趋于稳定并失去运动的特点（图2-1③）。

只有当线条组成的面整体出现一致的方向性，则面也呈现出运动以及方向的特点（图2-1⑤），此时，这个面出现了类似于线的面貌与特点（而图2-1④就呈现不出运动的倾向）。在线的比较中，由于曲线在延伸的过程中方向发生转换，视觉上相对于直线更具有了运动的特点，也即类似于速度上的变化。

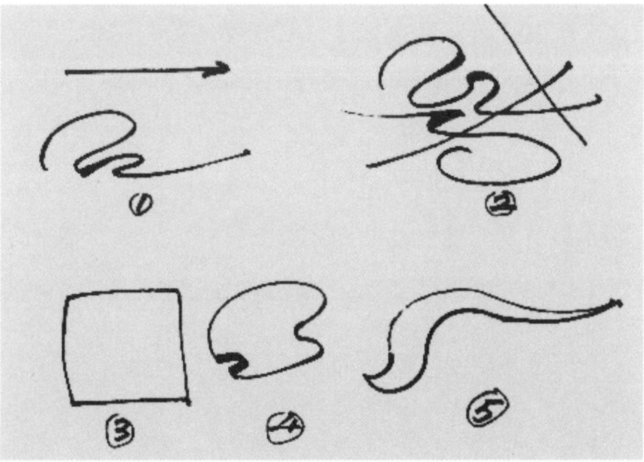

图2-1 线与面

“线”在与“点”和“面”比较中，具有的速度与运动感，在这些力的作用下形成的方向与运动具有了持续时间的特点。康定斯基论述道：“一般地说，线的场合比点的场合更多地承认时间要素——因为长度本身就已具有

① [美] 鲁道夫 · 阿恩海姆. 艺术与视知觉 [M]. 滕守尧，朱疆源，译. 成都：四川人民出版社，2005：11.

时间概念。另一方面，沿着直线行进与沿着曲线行进，即使它们的长度相等，但所花的时间却不同，而且，越是变化复杂的曲线，花的时间就越长，所以在线的场合里，时间的利用方法存在多种可能性。”①线条是中国传统书画的基本表现语言，它所体现的延时性与中国传统书法绘画有着很大的关联，尤其是书法，本身即是线的艺术，我们可以先从书法说起。

二、书法中的双重延续时间性——线性时间与阅读时间

中国书法中的行草最能体现延续时间的特点，如图2-2①的草书，由于书写的速度较快，用笔绵延不绝，书法家书写过程中的时间延续性很强，观众能够直接感受到作者笔断意连的整个书写历程，如赵构描绘草书高手云“昔人论草书，谓张伯英以一笔书之，行断则再连续”。②但是同样是由线条组成的真书（图2-2②）却并不能体会到这个循环超忽的动感，在一个完整的字当中，多方向的直线条已经将线的力分解，形成了平衡的整体形象。唐张怀瓘言：“大率真书如立，行书如行，草书如走，其于举趣盖有殊焉。”③可知，艺术家在进行书法创作时，不同的书体书写标准和要求是不同的，也即立意在先，真书如同人立定，草书如同人在奔跑，因此，纯粹用线去表现的书法在情感表现上是比较直接的，书写中的态势呈现的区分也很明显。赵构《翰墨志》言：“前人多能正书而后草书，盖二法不可不兼有。正则端雅庄重，结密得体，若大臣冠剑，俨立廊庙。草则腾蛟起凤，振迅笔力，颖脱豪举，终不失真。”④

---

① [俄]康定斯基．论艺术的精神[M]．查立，译．北京：中国社会科学出版社，1987：161.
②赵构．翰墨志[M]//楼鉴明，洪丕谟．历代书论选注[M]．上海：复旦大学出版社，1987：81.
③张怀瓘．翰六体书论[M]//杨素芳，后东生．中国书法理论经典．石家庄：河北人民出版社，1998：145.
④赵构．翰墨志[M]//楼鉴明，洪丕谟．历代书论选注．上海：复旦大学出版社，1987：79.

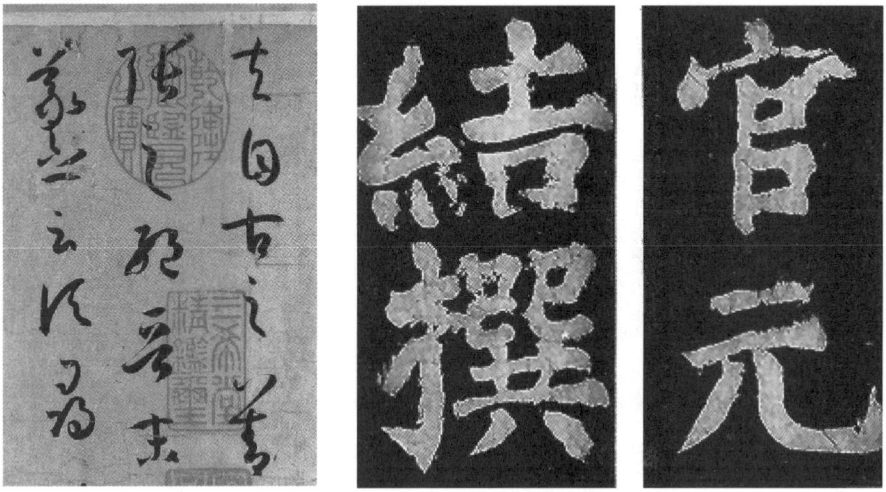

①草书示例　　②真书示例

图2-2 真书与草书书写时间性比较

真书追求字体间架结构的稳健，草书追求书写过程风起云谲的畅快，这是常理。从书论中我们还可以获悉其本质上互为表里的，即便是一字一划的真书，也不能脱离通篇的章法气韵，而草书的流畅也不能脱离内在的结体的“均衡”、章法的“管领”与“接应”。草书“走”的过程也是视觉上的“力”与“方向”在书写过程中的不断的变化过程，这可谓书法写的过程的时间性。再者，不管是时间急缓而呈现不同意象的真书还是草书，由于文字阅读的顺序流程，形成书法中第二个时间性，即书法阅读的线性时间。而阅读书法的过程也一改一般美术欣赏中静立于一处、一个视点的特征，随着内容的变化，读者将不停地变化视角。对书法的以上叙述可以总结为：在视觉艺术的时间特点中，书法包含了两重时间特点，一是线条流动产生了延续时间性，这是源于书写与创作；二是阅读的延续时间性，这是源于欣赏。这两点在书法欣赏中常常合二为一，而由此衍生了书法欣赏与创作中视点的变换。这两点总结，与中国传统绘画的创作与欣赏极其类似。

宗白华在《中国书法里的美学思想》一文中说道：“中国人写的字，能够成为艺术品，有两个主要因素：一是由于中国字的起始是象形的；二是中国人用的笔。在字的笔画里、结构里、章法里，显示着形象里面的骨、筋、肉、血，以至于动作的关联。后来从象形到谐声，形声相益，更丰富了‘字’的形象意境，像江字、河字，令人仿佛目睹水流，耳闻汩汩的水声。所以唐人的一首绝句若用优美的书法写了出来，不但使我们领略诗情，也同时如睹画境。”①追溯到中国书画中的“书画同源”②，其源起与工具的相同为中国书画艺术精神、表现手法等方面的相似立下了基础，但绘画与文字的功能逐渐形成“宣物”与“存形”的分工。我们这里主要对书画欣赏创作时间延续的特点进行比较。

三、中国传统绘画中的时间性与形式分析

书法在呈现时间表达并将作者的创作过程驻留在图像上，但是作为纯粹的线条，绘画要考虑更多的因素，如果以“六法”为标准，除了“气韵生动、骨法用笔、经营位置、传移摹写”诸方面与书画具有一致性，绘画形式上的“应物象形”、颜色上的“随类赋彩”则是书法所无，如郑午昌所说“盖书有定体，画无定形，形体之间，书画分焉”。虽然同为线造型，但绘画由于形的完整与变化，其中的线条比书法中线条的变化就要丰富得多。如前文所述，当线条以形体出现时，线条的方向与力量发生了抵消，运动感也削弱了——除非线条组成的面整体出现一致的方向性，形才也会呈现出运动以及方向的特点，也即出现类似于线的时间延续性特点。我们以图为例：

在图2-3①中，绘画中所表现的画面由繁复的线条构成，由于线条清晰

①宗白华. 宗白华全集（第三卷）[M]. 合肥：安徽教育出版社，1994：402-404.

②唐代张彦远《历代名画记·叙画之源流》中说：“颉有四目，仰观垂象。因俪鸟龟之迹，遂定书字之形，造化不能藏其秘，故天雨粟；灵怪不能遁其形，故鬼夜哭。是时也，书画同体而未分，象制肇始而犹略。无以传其意，故有书；无以见其形，故有画。”此可能为最早的“书画同源”说。见张彦远：《历代名画记》，江苏美术出版社2007年版第1页。郑午昌在《中国画学全史》一书中论及“《殷契》古文，其创始何时，固不可一一考；要皆在仓颉以后，至殷而极通用者。然观其体制间架，则犹多若雏形画，未尽脱胎而成书。于以追证创始文字之为画，益可显见。……盖书有定体，画无定形，形体之间，书画分焉。观此著作，体犹不拘，形又各异，是即可见古人之所谓书，不过各随所见物状简描速写以成之，与其谓之书，毋宁谓之画。……夫由结绳进而为略具画意之八卦，由八卦进而为此被号象形文字之雏形画，在形式上似大进步；但其实用，亦不过作一种较为有组织而明显之纪事符号而已，实无书画显著之分别，是可谓书画很合时代。”见郑午昌：《中国画学全史》，上海书画出版社1985年版第4-6页。

①东晋 顾恺之《洛神赋图》局部

②

③五代 顾宏中《韩熙载夜宴图》局部

④

⑤汉代瓦当

⑥汉代画像石《荆轲刺秦王》

图2-3 中国传统绘画延续时间性比较

流畅，颜色简略，线条本身的流动性非常明显。如果将图2-3①中的画面变成纯粹的图2-3②，这个图案中的形象力的显示也具有很强的曲线感：画面简洁，力的方向一致。所以，这幅画从局部到整体都体现出很强的线性，也就体现出了时间延续的流动性，画面中的女子如在空中迎风飞舞。这是画面和线性结合比较完美的例子。

我们再看图2-3③，这里的线条的主动性明显削弱，线条已经服从于画面形体的需要，画面形象刻画细致入微，人物、表情、事物道具都显得非常精致，线条完全服从于形象表现。画面线条多是以直线为主，线自身独立的表现因素几乎消失。我们再看将图像转换为完全的图底关系的图2-3④，画面图形多是横直趋势（倾斜趋势由于视觉对稳定的期望而产生张力感），画面非常稳定，延续性时间感消失，表现的是瞬间时间体验。

我们再比较另外一组作品，图2-3⑤中的形象只有一个主体，线条感明显，整体图形也呈线条感，因此其中形象显出明显的飞动感，加之其图底关系中的基底为圆形，遂加强了这一感觉；而图2-3⑥中，局部画面也呈现流畅的运动变化与延续时间的特点，但是从全画来看，由于力量方向的改变而趋于总体的平衡。从图2-3⑤与图2-3⑥的比较中我们可以看出，画面出现的形象越是分割，其延续性时间越弱，但是由于画面的局部体现出明显的曲线流动，整个画面在整体上则体现出一种生动、活跃的运动氛围。

从以上比较中我们可以获得这样的结论：

图像越呈现为线条感，延续性时间感越强；

线条越呈现为曲线，延续性时间感越强；

图像的图底关系越复杂，延续时间感越弱；

图像越倾向于写实，延续时间感越弱；

图像越精致，延续时间感越弱；

图像越分割，延续时间感越弱。

阿恩海姆在《艺术与视知觉》中引述了顿克原理：“在视域中的一切物

体，都被看成是处于一种相互依存的等级关系之中。”[①]并阐述“视觉除了感知运动之外，还会自动地指令某一物体担任整个视域的框架，使别的物体都依附于它。整个视域都充满了这种复杂的从属等级关系”。[②]当画面中出现的依存关系越复杂，画面中力的因素也越消解。

从中国绘画发展的历程中我们也可以看出，魏晋以前，中国绘画表现技术尚显得简略，书法中的技术标准在绘画中得到比较多的体现，因此，当时的绘画延续时间的感觉比较强烈，包括画像石中的绘画，形象多通过曲线表达，画面的飞动感强烈。随着写实能力的增强，画面逐渐复杂，图底关系层次丰富，局部刻画细腻，因此，画面的瞬间时间感成为强调再现的美术作品的主要时间特征。

随着宋元以降文人画写意的兴起，中国传统绘画形式上延续时间性表达得到了最大限度的发挥。文人画家援书入画，将行草书法中的挥洒自如直接运用于绘画，赵孟頫（1254年—1322年）诗曰：“石如飞白木如籀，写竹还应八法通，若也有人能会此，方知书画本来同。”[③]我们可以看图2-4①赵孟頫的作品，其书法的书写性在画面中得到很好的运用，

①元 赵孟頫《竹》

② 明 徐渭《杂花图卷之七》

图2-4 文人画中的延续性时间比较

① [美] 鲁道夫·阿恩海姆. 艺术与视知觉 [M]. 滕守尧，朱疆源，译. 成都：四川人民出版社，2005：519.

②同上，第519页.

③俞剑华. 中国古代画论类编 [C]. 北京：人民美术出版社，1957：1063.

同顾闳中作品比较，写实因素减少，画面趋向简单，但是画面的组成成分还是比较丰富，至少分为梅、兰、竹、石四种形象。因此，虽然体现出时间的舒缓，但画面基本还是趋于稳定状态，用笔趋向于真书，严谨稳定，延续时间的感觉不足以充分表现；而图2-4②徐渭（1521年—1593年）的作品，画面完全简化，形式完整简洁，在用笔上直接用行草笔法，画面酣畅淋漓，舒展飞动，画家创作的整个过程跃然纸上，其延续时间感也得到最佳体现。

以上主要说明，中国传统绘画和书法中由线的流动产生的延续时间感，在绘画中显得复杂一些，因为当绘画中的线主体性削弱以服从整体，则画面的延续时间感也削弱，而在线的主题性凸显时，同样也体现出延续时间的特点。书法仅仅用笔一支，简化单纯是其时间感突出的原因之一，尤其是行草中体现的线条律动加强了这一延续时间感；而另一种原因，即是因阅读的秩序产生的延续性时间特点，并由此衍生了书法欣赏与创作中视点的变换，这在美术中也有相似之处。

希尔德勃兰特（Adolf Hidebrana，1847年—1921年）在《造型艺术中的形式问题》一书中说道，在整个物体不能在视觉限制内一次完全看清楚的时候，观看者眼睛的晶状体就需要做出不断的调节，“他现在看到的不再是一幅图画，而是有好几幅，他通过快速连续的眼睛运动把它们联系在一起。观者靠得越近，就必须做出更多的眼睛运动，原先完整的图画就会被分解成几个单独的视面……我们接受和理解纯视觉印象的能力，现在被借助于运动行为去接受和理解的能力所取代”[①]。这段话正好说明了中国书法、绘画中视觉的发生原理。在书法欣赏中，需要观者沿着阅读顺序不停地变换视角（图2-5①）。在绘画手卷[②]的欣赏中，观者的眼睛也正是随着手卷的展开而不断移动（图2-5②）。在绘画卷轴欣赏中，同样，观者在画面展开的同时视线不断变换。这也就形成了中国绘画中区别于焦点透视的散点透视，散点透视

①[德]阿道夫·希尔德勃兰特.造型艺术中的形式问题[M].潘耀昌等，译.北京：中国人民大学出版社，2004：4-5.

②由于中国传统绘画材料为绢质地，中国绘画在东汉就形成了手卷式的绘画，挂轴式以及条屏样式的绘画在唐以后发展起来也无疑受到手卷式绘画的影响。见薛永年：《卷轴画史概说》，载《新美术》1993年第3期第42-44页。

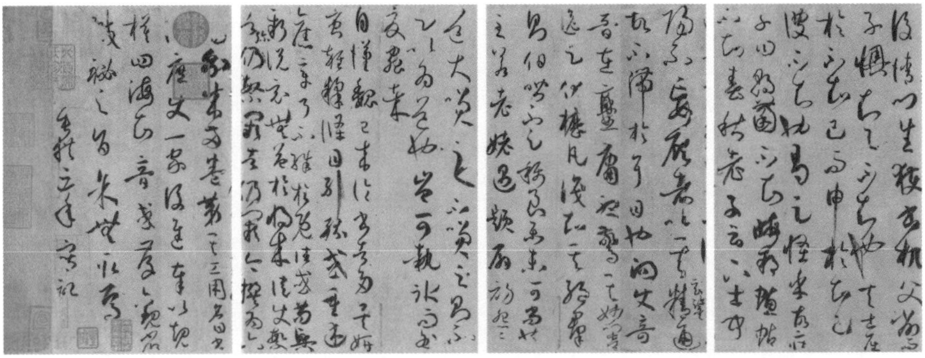

① 唐 孙过庭《书谱》局部

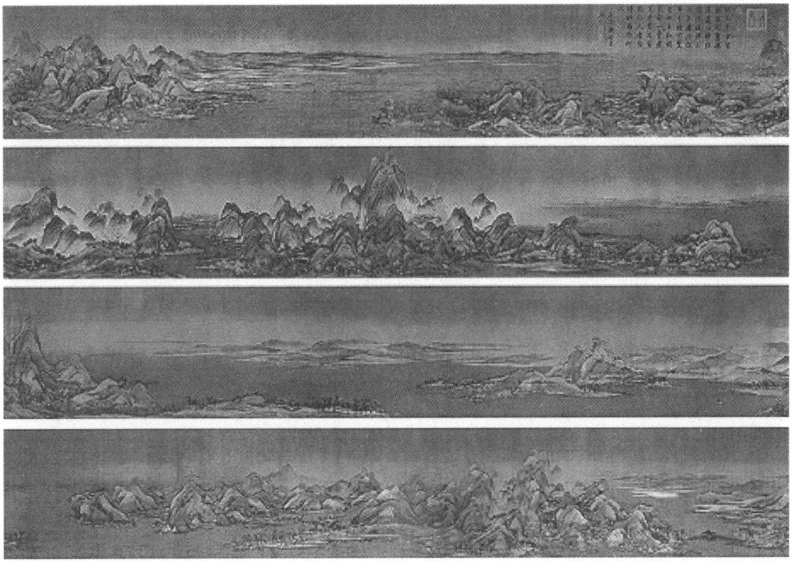

② 宋 王希孟《千里江山图》

图2-5 手卷中的阅读延续性时间图例

不是多个焦点的组合，而是在画家与欣赏者眼里，视角不停地平行移动而产生的视觉特点，因此，中国传统绘画在绘画表现上为了达到视觉上每一处的可观，画面的处理上不是按照西方传统绘画画面中心焦点刻画的原则，去尽量节减不必要的细节以突出中心。中国传统绘画则是根据观看者心理需要和所描绘对象的物理发展选择处理的强弱，这就会更倾向表达画面中的事物蕴含的生成规律：“理”。画要服务于看的愉悦，则要显出闲适的意味；要在现象之外追求事物的本真，则需要循求物理。尤其在山水画中，不但可看，还需“可居可游”。

四、中国书画中的延续时间与西方传统绘画中的瞬间时间[①]

我们在说延续时间的时候是相对于时间的瞬间性，绘画本身是静止的，不具有延续性，是人的观看体验出的时间延续，这种时间延续的特点在与西方传统绘画的比较中更为显著。西方传统绘画的材料主要是胶彩、油彩色，由于油彩重复覆盖的性质使得绘画过程无法在画面中呈现，观众看到的只是最后覆盖完成的效果。由于西方传统绘画一直追求视幻觉的真实，在视觉因素上考虑的内容也复杂得多，正如诺曼·布列逊（Norman Bryson）所言：“欧洲绘画事实上一直允许广泛采用指示性功能的媒介：壁画、蛋彩画和油画均在潜力上具有比书法性绘画更加完善的表现……油画颜料易变的黏性可以在水墨无法留下痕迹之处显露身手。”[②]因此延续时间因画面“图底关系”的丰富而大大抵消；再者，西方的焦点透视的要求即是观众静立于一点进行观看，其时间则体现为瞬间时间。莱辛在《拉奥孔》中说：“绘画在它的同时并列的构图里，只能运用动作中的某一顷刻，所以就要选择最富于孕育性的那顷刻间，使得前前后后都可以从这顷刻中得到最清楚的理解。”[③]

西方传统绘画的时间是希望通过抓住最为典型的一刻，通过对过去和未来的推理获得画面的时间理解。西方在再现表现技术成熟之前线条也是其主要绘画语言，在西方绘画再现表现技术形式成熟后，主要是版画保留着用线条表现的手法，康定斯基在《论艺术的精神》中谈道，由于西方绘画中面是主要的表

---

①我们说绘画中时间性的时候强调的是延续的时间性体验，因为对绘画中的时间表达有很多种，如：有的通过形象表示时间象征的，如汉斯·巴尔东·格里恩(Hans Baldung Grien，约1484年—1545年)所作《女人的三阶段与死亡》；有描述运动的状态，如未来主义巴拉(Giacomo Balla，1871年—1958年)《系着皮带的狗》；而立体主义以及中国民间美术常常表现的是异时空的综合；连环画形式的时间延续则是很多个时间间隔的延续，相对于每一幅画都是瞬时间表现；还有在同一幅画中表现很多时间阶段的发生的事情，如河南开封东大寺西游记壁画，一幅画描写了诸多不同时间的情节等。以上美术表现的时间只是其题材或者表现的内容，并不是在感受上体现出时间的延续性。

②[英]诺曼·布列逊．视觉与绘画：注视的逻辑[M]．郭杨等，译．杭州：浙江摄影出版社，2001：98.

③[德]莱辛．拉奥孔[M]．朱光潜，译．北京：人民文学出版社，1984：83.

现原则，版画的地位一直低下，“这些理论家们只是在承认抽象艺术的存在这一前提下，才对版画中线的使用做了善意的评价”[①]。并且认为版画中的点与线的独立性“给绘画表现以最高的简洁和最高的正确性。只有纯粹的形态，才能充分表现充满生命力的内容”（这里隐含了西方传统中绘画线条的运用与西方现代主义对东方艺术延续性时间表现吸收两个问题，我们后面会论述到它们与中国线条运用的区别）。

线条的时间延续性与画面欣赏的时间延续性都是由创作而生，中国传统绘画在创作过程中即显示出时间延续的特点，而“西方再现性绘画的时间性是极少直指作为过程的绘画时间的”[②]。中国传统绘画“创作中的作品直接随着其用笔不断地展现开来；在这一传统中，创作劳动中的身体不断地展现出来，按照西方的术语来判断，这一情况只能适合于行为艺术”[③]。我们可以通过以下两幅作品进行比较，其区别一目了然：图2-6①黄公望（1269年—1354年）的作品用笔明晰，呈现出创作过程；长卷的形式显示欣赏的时间先后顺序，画面中无光影则无法显示具体的时间，这也为延续时间性提供了空间。图2-6②康斯坦布尔（John Constable，1776年—1837年）的作品则是焦点透视，画面因为事物描写的视觉真实掩藏了画家表现的过程，其表现为具体的某一时刻的情景，即瞬间时间的感受。因此，中国传统绘画中线的直接显现是体现时间性的一个基础，当线成为面的一个成分，线就归属于图的整体意义，线本身的意义就消失了。但是线首先提供了很多思维方式，在以线性出现的时候其思维就自然出现了，中国传统美术观看的时间秩序和线的时间表达达到了无间的重合。正如诺曼·布列逊所做的陈述：“注视的逻辑因此服从于两大法则：身体（画家的，观者的）只是被压缩为一个点，视网膜表面上的一点；而注视的瞬间（对于画家，对于观者）被置于持续时间之外、就空间的与时间的方面来说，观看的行为是作为空间与时间的取

① [俄] 康定斯基. 论艺术的精神 [M]. 查立，译. 北京：中国社会科学出版社，1987：174.

② [英] 诺曼·布列逊. 视觉与绘画：注视的逻辑 [M]. 郭杨等，译. 杭州：浙江摄影出版社，2001：90.

③同上，第97页.

① 元 黄公望《富春山居图》局部

② 英 康斯坦布尔《干草车》

图2-6　中西绘画中视觉时间性比较

消、作为身体的消失被建构起来的：是那种即时的观者的主体，是一种视觉的建构。”①

五、中国传统书画中的线、运动、延续时间性与意象的关系

以上是对中国传统书画中的线所做的分析，中国传统的书法与绘画对时间的体现上有近似的规律，又各不相同，真书中线的结构性近似于中国传统

① [英] 诺曼 · 布列逊. 视觉与绘画：注视的逻辑 [M]. 郭杨等，译. 杭州：浙江摄影出版社，2001：104.

的再现绘画（如院体画），而行书的流动性接近于文人写意画。通过与西方绘画的比较，我们看出：由于表现工具材料的差别，图底关系复杂，西方绘画线以及创作过程被隐没；由于观看方式的静止，表现目的为再现，西方绘画体现为瞬间时间性。以上对中国画中线的运动性与时间性的分析兼与西方传统绘画的对比是为了说明，这些运动与时间性是中国传统美术中意象形成的重要形式因素。

中国传统美术中由线而生出绘画痕迹驻留的时间性，它打破了视觉的静止的性质，时间性体现的乃是“动”的本真。西方传统美术对对象极尽刻画之功，符合了人静观对象的要求，但是视觉的另一常态是运动，人的双眼的聚焦让我们对事物运动的捕捉成为可能，西方绘画描写静止聚焦的时候，为了模仿视觉幻觉，需要将次要的事物进行弱化处理。而中国传统绘画则服从运动观物随时调整视焦，因此，中国绘画的描绘在任何一处都可以做到精致入微而无碍全篇，其细致节略依据的是观画时的情绪跌宕与表现时的物理气息。因此，西方传统绘画描写了人的静观，中国传统描写的是动观，中西视觉表现传统在此恰是一种互补。

进一步，静观则易精细，动观事则更易于获得事物的整体意象。物越趋向于具体，也就相对减少了对事物想象与联想的空间。我们可以得出这样的结论：中国传统绘画中运动与延续时间的表达给视觉以不确定性，而增加其会意的空间，这符合中国绘画意象的获得的心理过程。正如阿恩海姆所述：“意象愈具体，它展示出的特征也就愈多，观看者也就愈不容易明确究竟它的哪一种特征是主要的。”[①]中国传统绘画中的运动使得中国画家更追求一种删拨大要、抽取而出的真实，这是中国绘画的本质追求；运动与时间的驻留也是画家情感的驻留，是中国画家游情寄兴的途径；中国传统绘画在延续时间的运动中，观看者不再是一个旁观者，而是一个游于其中的参与者。

---

① [美] 鲁道夫·阿恩海姆. 视觉思维 [M]. 滕守尧，译. 北京：光明日报出版社，1987：223.

第二节　视觉与触觉

一、从轮廓到体积

线是所有视觉艺术抽取出来的一个基本元素，并非中国艺术独有，上文引述康定斯基观点的时候，提到他的话里隐含了西方传统中绘画线条的运用与西方现代主义对东方艺术延续性时间表现吸收这两个问题，以下我们就从西方传统绘画中线条的运用进行比较，以获得对中国传统美术中形式与意象关系更清晰的认识。

事物本身并没有线这样的具体物，线是二维中的抽象，在三维世界，即便是线状的物体，其本质也是体。例如，我们在正面看见事物的轮廓，换一个角度，先前的轮廓不见了，产生了新的轮廓，实质上，二维抽象的线条在再现三维形体中主要有两种体现途径：一为描写对象的边界；二为面的压缩。线条对事物形象的边界限定功能几乎是在所有早期绘画中都能发现，因为人们还没有能力在二维平面上塑造立体形象。线成为纯粹面的压缩是到绘画技术进步，随着透视和空间等视幻觉表现技术成熟后的一种必然走向，即平面为体积所取代。我们可以通过图2-7来进行比较，在图2-7①中，如果仅仅是对事物边界的界定，一个立方的边界仅仅是一个六边形。在图2-7②中，我们抽取对立方体的理解，将其内部的转折用线条表现出来，但是这个框架式的体积中心三条内轮廓的交汇点a会出现视觉转换，将其看着距离观者最近的点，则是立方体（图2-7⑤），如果将其看作最远的点，则是凹进去的三个面，近似于内墙的一角（图2-7④）。图2-7②中由于形体表达过于抽象，尚不能全面地再现事物；在图2-7③中，我们不再用任何线条去描绘对象，仅仅用不同的体块去表现，在光影的作用下，我们所见的线不过是立方体自然呈现的边缘，是事物发生转折的光影变化，并非是线条这样一个存在物。在现实中，我们描绘对象面的组成大多没有立方体这样强烈，如果是观看一个过渡柔和的对象就会出现正面看的轮廓线，换个角度原先看见的轮廓线就消失了，而在另外一处又出现新的轮廓线。

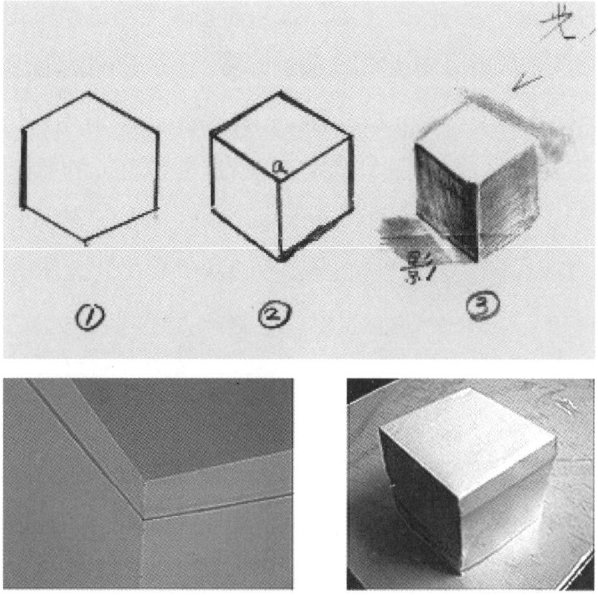

④ ⑤

图2-7 线的两种基本体

赫伯特·里德对线条在表现形体中的变化做出这样的描述："线条最突出的特质在于它能够暗示出块体或立体形式。这一特质只有艺术大师才能掌握，只有在偏离轮廓的变化中才会表现出来——线条在物象的边缘处显得紧张而敏感，它飞快地、本能地但不是连续不断地流动飞转着，恰到好处时，便戛然而止，随后又再次转入图案的主体，暗示出由许多线条汇聚而成的平面来。可见，线条是有选择性的，是非常含蓄的。事实上，线条如同速写一样，常常是表现主题的一种简括而抽象的工具。"[①]

二、"线描与图绘（视觉与触觉）"
——感官体验的比较与罗恩菲德的启示

对西方再现绘画写实从线到面的发展，沃尔夫林（Heinrich Wolfflin，1864年—1945年）在其名著《艺术风格学》中以古典时期艺术向巴洛克艺术的转变做了详细的比较。他将这两者通过五对概念进行比较：

① [英] 赫伯特·里德. 艺术的真谛 [M]. 王柯平，译. 沈阳：辽宁人民出版社，1987：30.

1.从线描方法到涂绘方法的发展，即从线条作为视觉途径和观察指导到线条逐渐被贬低的发展。2.从平面到纵深的发展。3.从封闭的形式到开放的形式的发展。4.从多样性到同一性的发展。5.主题的绝对的清晰和相对的清晰。①

沃尔夫林这五对概念是相辅相成的，西方沿着再现的目标，慢慢地脱离了以轮廓为主的表现方式，开始将面和体积作为主要的表现途径——也即从线描向涂绘的方向发展，它意味着画面开始从平面化向立体的风格转换，如同图2-7 ①向图2-7 ③的转换。当透视、解剖等空间幻觉表达渐趋成熟，画面也就从平面向纵深空间拓展了。线对形体是限定，而自然物中的空间是不断延续的，空并非无，对线描的打破必然意味美术形式从封闭走向开放。以前一个个被限定的孤立的形象逐渐从多样走向同一。为了服从视幻觉的再现，古典艺术对形象的清晰描摹转向对焦点视觉体验的综合表达，这里的再现将视觉接受的所有感官体验因素都尽量发挥出来，“主题的明确性不再是描绘的唯一目的。构图、光和色彩不再只是用来确定形式，而是具有它们自己的生命”②。

从线描到涂绘，沃尔夫林认为是美术从触觉感觉向视觉感觉的转化，下面是他的观点：“线描的风格是使人有塑形感觉的清晰性的风格。固体物体的均匀、坚实、清晰的边界给观者一种安全感，仿佛他能用自己的手指抚摸这些边界，而全部产生立体感的阴影如此完全地附着于形体，着实打动了我们的触觉感。这么说来，再现和事物是同一的了。但在另一方面，涂绘风格已多少使自己摆脱了事物的真实面目的束缚。对这种风格来说，不再有连续的轮廓线，而且塑形的表面也被淡化了。素描和立体感在几何意义上不再同底下的塑形的形体重合，而只产生事物的视觉外表。”

这段话表达了触觉体验和视觉体验的一些区别，但是，我们所说绘画中的再现即对视幻觉的模仿，线条向涂绘的转换与其说是从触觉向视觉的转换，毋宁说是绘画在模仿视觉幻觉的水平的不断提升，西方绘画全因素的发

---

① [瑞] 海因里希 · 沃尔夫林. 艺术风格学 [M]. 潘耀昌, 译. 北京: 中国人民大学出版社, 2004: 19-20.

②同上, 第21页.

展方向最终是调动了人的所有的可以促进人视觉体验的其他感觉，当涂绘风格成熟的时候，绘画在视觉、触觉，甚至进而达到对味觉、听觉的联觉表现。表现对象的模糊不仅仅是为了模仿视觉的不清晰，还包含了体积取代轮廓的结果，“不再有连续的轮廓线”是因为有了连续的体积。至于图绘趋向于模糊，有一个原因也需要考虑进去：线条描绘对象在技术上更可能精细入微，因为从事物本身来说，事物组成的体积无法达到线的抽象程度，也无法达到线描的细致程度。

我们还应该看到，在线描向涂绘发展的过程中，绘画越来越注重触觉体验。触觉在人的心理中有着重要的地位，触觉是人最先形成的感觉，在视觉、听觉还没有建立与世界的联系时，触觉决定了我们的成长（例如，新生儿放置在水中则停止哭泣，因为这是通过触觉体验了母体内的环境），触觉在心理需求中具有基础性地位。触觉中主要是形体意识，触觉有赖空间体验（盲人依赖触觉进行空间判断）。视觉模仿触觉体验在绘画中不仅完成空间纵深的表达，在肌理表现上也逐渐丰富（肌理即是对触觉的模拟）。因此，西方再现绘画的发展乃是从视觉不断向联觉表现发展的结果，最终当再现发展到顶峰的时候，也最接近视觉所接受的对联觉的综合体验，而不能如沃尔夫林认为的仅仅看成是触觉向视觉的转化，他在这段文字中也意识到这一点，“这里起作用的不是单独的形体而是整幅图画，因为只有在整体之中，形体和光、色的那种神秘的交流才能奏效，而且很显然，这里无形的和无实体的东西应当含有同有实体的物体一样重要的意义”[①]。但在分析中，他并没有将这一内容延伸，而是过分强调了线条的清晰与坚实的感觉，毕竟，体会绘画体验的一切前提乃是视觉。

与西方绘画比较，即便中国最为写实的作品也没有发展到完全的全因素表达，总体比较，体积、光影、肌理、颜色、质感、透视等远较西方弱。但我们可以从图2-9①中看到，中国传统中的写实一直在平面上寻找另一种真实的表现。图中描绘的精微细致比西画有过之而无不及，线依然在技法上有着不可替代的作用，不仅外轮廓有明显线条，几乎每一个形状区分都是由线

①[瑞]海因里希·沃尔夫林．艺术风格学[M]．潘耀昌，译．北京：中国人民大学出版社，2004：27.

条勾勒完成的。中国传统绘画的写实可以看成是画家按照描绘对象平面地看过去，似乎每一个细节都被关注，因此，写实中单独强调了视觉本身，对于视觉体验的细致毫无疏漏，而对于综合视觉与其他感觉的联觉并没有兼顾。这恰恰又弥补了西方表现中视觉模仿触觉体验时的缺陷：当视觉聚焦后，视觉中心以外变得模糊，但是事物本身不会有丝毫变化——视觉最终的要求是清晰呈现，即便在运动中也是如此。在中国绘画中，画者不以瞬间时间为表现目的，当我们去观看任何一个地方，我们都可以，而且需要看得清楚，画家画的不是触觉心理下的视觉幻想，而是服从了看本身的可能性——延时，因而选择从视觉运动特征去理解对象——触觉趋向于静止，视觉趋向于流动。我们在图中还可以看到画面对光影的舍弃，这也表明画家对瞬间时间并无追求之意，而专注于表现事物的恒常性。

对于视觉与触觉的视觉心理研究，美术教育家罗恩菲德（Viktor Lowenfeld）将创造类型分为视觉型和触觉型，其中视觉型“即观察者，经常从事物的外貌来接触它们……视觉型通常是从物体的外轮廓线开始表现，然后才以细节来充实形体，因为视觉的分析可以穿透物体的本质”。“视觉型的人有把运动感和触觉经验转变为视觉经验的倾向”①。这个描述对中国传统美术具有比较普遍的适应性：重轮廓、描绘细节、重本质及将运动与触觉体现为视觉。而触觉型的人是怎样理解对象呢？罗恩菲德分析：“触觉型主要的媒介是身体的本身——肌肉感应、接触的印象，以及自我与外在世界的价值关系经验。……对形状和形体所生出身体的、感情的和智慧的悟解，而综合为形体的特征。体积和空间是由重要性的感情价值所决定的，因此，触觉型主要是一种主观的类型。”②而这也符合在西方涂绘风格中不断表现出的对体块与空间的把握。当然，从综合体验全因素表现的要求来看，完全的触觉型是比较主观的，而西方再现绘画将线条隐没在形体中，其轮廓的精准更符合了形体的特征，这恰与上文的分析一致，即“艺术刺激必须同时包括了触觉感应和视觉经验，才会有效”③。相比较而言，中国传统绘画比之西方

①[美]罗恩菲德．创造与心智的成长[M]．王德育，译．长沙：湖南美术出版社，1993：261.
②同上，第262页.
③同上，第262页.

传统写实更倾向于视觉型表达。

三、中国传统绘画“视觉型”特征与意象的关系

前面说过，线条如果为形体服务，线自身的表现力削弱，而体现为所表达的形的价值。我们可以比较图2-8①和图2-8②，这里的共性是线条服从于形体，图2-8②和图2-9②两幅涂绘风格绘画与前面两者进行比较，涂绘风格绘画的综合体验更丰富，因而更能唤起人的触觉体验（包括多感官体验的模拟）。但是，当线条的独立性加强，如图2-4②和图2-5①，线条就是表现的主要内容。我们就可以发现，这里也有触觉的存在，即毛笔在纸上行走的任何变化都可以看见，这时候，毛笔是手的延伸，这里的笔迹基本就是触觉本身，而不是描写视觉的幻觉——西画的触觉可能通过无数次的描绘，达到对质感的模拟而体现出来。因此，在中国写意绘画中，包含了触觉本身（不是视觉模拟），这个触觉和视觉是分开的，不是视幻觉的再现，它不为视觉模仿而存在。当欣赏作品时，首先考虑的是作品形象的气韵、意境等，触觉笔迹是潜层的，视觉将和意境一起成为外在观照对象。

①意大利 拉斐尔《西斯廷圣母》

②荷兰 伦勃朗《亚伯拉罕和艾撒克》

图2-8 线描与涂绘风格的比较

① 宋 赵佶《芙蓉锦鸡图》

② 夏尔丹《静物》

图2-9　中西写实比较

对于平面的专注与毛笔工具的线条表现是相互依存的，当中国传统完成自己写实的顶峰，线条的价值又逐渐独立出来（元明文人画的兴起）。与西方相比，单就线条的功能而言，西方传统绘画线服从于物象表达，而中国的传统中，线条一直是直接呈现的，即便是写实的极致时期（宋），线与物象也是互为主体；至文人写意画，则物象服从于线，线服从于精神化的表达——意。中国传统中的线表现的运动感与延时时间感以及由阅读而生的延续时间性表达，产生了视觉上的不确定性，意义上的意会性，以及由运动而生的由静至动之美，他们为完成“意”的表现提供了视觉基础。

在视觉运动基础上，中国绘画的透视空间表现不是西方的焦点透视，而是“三远法”，郭熙《林泉高致》言：“山有三远：自山下而仰山巅谓之高远，自山前而窥山后谓之深远，自近山而望远山谓之平远。”[①]此观察方法从何而来？郭熙观物取象之法云：

①郭熙．林泉高致[C]//俞剑华．中国古代画论类编．北京：人民美术出版社，1957：639.

"学画花者，以一株花置深坑中，临其上而瞰之，则花之四面得矣。学画竹者，取一枝竹，因月夜照其影于素壁之上，则竹之真形出矣。学画山水者，何以异此？盖身即山川而取之，则山水之意度见矣。真山水之川谷，远望之，以取其势；近看之，以取其质。"画竹参照其影，可见对平面轮廓的追求；画花卉，从上观看可以把握整体，此为取物象之真；画山水则要亲临其境，从不同的角度研习其本质，可见，画家取材的过程与表现的过程都是在运动中完成的。

宗白华在《中国诗画中所表现的空间意识》一文中说："由这'三远法'所构的空间不复是几何学的科学性的透视空间，而是诗意的创造性的艺术空间。趋向着音乐境界，渗透了时间节奏。它的构成不依据算学，而依据动力学。"[①]中国美术形服从于意，意境与精神才是绘画的最高宗旨，精神上的真实比形象的真实更重要，这种思维是整个中国传统造型艺术中的思维，而不仅是绘画的思维，同时表现在其他艺术中。

第三节 绘画中意象形式因素在其他艺术门类中的体现

"从绘画和雕塑的关系而论，中西就有不同。希腊的绘画，立体感强，注重凸出形体，讲究明暗，好像把雕塑搬到画上去。而中国则是绘画意匠占主要地位，以线纹为主，雕塑却有了画意。希腊画似雕塑，中国雕塑似绘画。"[②]如图2-10①，图2-10②所体现。梁思成在论述霍去病墓前雕刻（图2-10③）时认为："在雕刻技术上，似尚不甚发达，筋肉有凹凸处，尚有用深刻线纹以表示之者。"[③]南朝梁吴平忠侯萧景墓石雕（图2-10④）则体现出流畅的线条灵动之美，梁思成描述为"其口张牙露，舌垂胸前，适足以增胸颈曲线之动作姿势，其身体较细，无突出之筋肉，然腰上及股上之曲雕纹，适足以表示其中蕴藏无量劲力者"[④]。中国雕塑解剖不是严格依据事物构造，而是要将之服从于整体的视觉表现，弯曲流畅的线条张力无疑是其表现

①宗白华．宗白华全集（第二卷）[M]．合肥：安徽教育出版社，1994：432.
②同上，第392页．
③梁思成．中国雕塑史[M]．天津：百花文艺出版社，2006：36.
④同上，第62页．

①敦煌莫高窟雕塑

②意大利 米开朗基罗《摩西》

③汉 霍去病墓前石雕

④南朝 梁 吴平忠侯萧景墓石雕

图2-10 中西雕塑比较

出运动形式与健劲的重要形式元素。

线性、运动、延续时间性的意象表达不仅体现在绘画、雕塑中，中国传统建筑也不离这个表现原则，尤其是园林，其建筑目的即赏玩大于实用。明代计成在《园冶·屋宇》中叙述："高低依制，左右分为。当檐最碍两厢，庭除恐窄；落步但加重庑，阶砌犹深。……长廊一带回旋，在竖柱之初，妙于变幻；小屋数椽委曲，究安门之当，理及精微。奇亭巧榭，构分红紫之丛；层阁重楼，迥出云霄之上。隐现无穷之态，招摇不尽之春。"[①]即表明，在建筑之间表现出形式变化，使观者在行进中体验视觉美感。画为纸上的园林，园林为真实图画，陈从周言："看山如玩册页，游山如展手卷，一在景之突出，一在景之联续。所谓静动不同，情趣因异，要之必有我存在"。[②]"静之物，动亦存焉。坐对石峰，透漏俱备，而效法之明快，线条之飞俊，虽静犹动。水面似静，涟漪自动。画面似静，动态自现。静之物若无生意，即无动态。故动观静观，实造园产生效果之最关键处，明乎此则景观之理初解矣。"[③]其中"静之物若无生意，即无动态"则是要静中见动才是高妙，这又从何得来？

线性与运动延续时间性则是其表现的基本方法之一了。如果将园林的轮廓抽象出来便可以看见园林中的动感之美与中国传统绘画有异曲同工之妙（图2-11①、②）。李允鉌言及中国南方建筑中屋顶的翘起有"万尖飞动"之感（图2-11③、④），并说"它们本身同时是一种有意识地去创造的艺术语言，在天空中画出一条条优美的天际线，也许象征威严和伟大，也许代表轻逸与愉快。总之，它们已经成为了一种凝结着民族思想情感的产物"[④]。

中国传统园林建筑充满诗情画意，中国精英文化艺术基本立意和思维起源的意象性是一致的，因而冯纪忠提出"意动空间"这一概念，建筑乃是空间对意象的空间转换[⑤]，他论述道："借助着势来导引，最终产生具体的形；

①计成．园冶图说[M]．济南：山东画报出版社，2003：76.

②陈从周．梓翁说园[M]．北京：北京出版社，2004：21.

③同上，第42页.

④李允鉌．华夏意匠[M]．天津：天津大学出版社，2005：2222-2224.

⑤冯纪忠．何陋轩答客问 [J]．世界建筑导报，2008(3)：14；冯纪忠．空间转换——中国古代诗歌和方塔园的设计[J]．世界建筑导报，2008(3)：24.

① 苏州拙政园

② 园林中显示的轮廓形式简化图

③ 如翼斯飞

④万尖飞动

图2-11 园林中的形式语言

借助着心地与实地的结合，做出适宜的空间形态。有势才能推动，象是推动出来的，而有了象才会产生具体的形。象前面还有意，借助着势，意推动成象，象然后才成形。这就是我说的意动。意动的过程最后落实成为形。而不是凭空有个形在脑子里直接出来。意动过程也同时将心地与实地加以结合，使生成的具体的形像为适宜的空间形态。因势利导、因地制宜，主体和客体在互动中使最终的空间形态达到了和的状态、和的境界。”这里具体说明了园林建筑在创作思维过程的特点，与书法、绘画的精神归旨可谓合一了。

中国传统艺术精神上具有的一致性与基本形式层面也具有一致性是互为表里的，如中国的音乐也是单旋律的线性思维（西方音乐复调、和声等技术表现也具有西方绘画的厚实与丰满，如萧友梅所言“我国无复音音乐产生，不能与西方音乐平行发展”），尤其当明代魏良辅（1489年—1566年）研出“水磨调”声调后，中国戏曲音乐的委婉细腻达到极致，此调摇漾如线，丝丝缕缕，绵延不绝，吴梅在《中国戏曲概论》中说：“良辅探讨声韵，坐卧一小楼者几二十年，考订《琵琶》板式，造水磨调，辰鱼作（倪妙记）付之，流丽稳协，远出弋阳、海盐旧调之上，历世三百，莫不俯首倾耳，奉为雅乐。”①至此，中国昆曲造就了中国集歌舞曲于一体的戏曲高峰，诚所谓“无声不歌，无动不舞（齐如山）”。音乐中的时间性绵延是直接的，我们可以认为美术的线性、运动与音乐近似，但未必是对音乐的模仿，中国音乐与书法、绘画、园林建筑是一个完整的艺术有机体，其中精神与形式具有的统一性是必然的。这与中国古代艺术门类的创造、欣赏形成密切关联，而且这也是实现中国传统审美意象理解和传达的重要基础。

第四节　中国传统审美意象与“意象美术及其教育”

一、“意象美术及其教育”的形式分析

以上主要叙述中国传统审美意象与形式的关系，在美术教育中，以形式为区分的意象美术已经是一个普遍存在的现象，它是中国传统审美意象及其教育

①吴梅．顾曲麈谈中国戏曲概论［M］．上海：上海古籍出版社，2000：152.

传达的一个基础，在美术教育中有重要意义。意象美术对形的变化处理能更大地表现出人的主动性，对人的创造思维发展具有巨大价值，尹少淳在《美术及其教育》一书中，对意象美术教育做过较为完整的描述，本书所述中国传统审美意象的教育价值只是意象美术及其教育的一个部分。仅仅从意象造型的方面去看，世界上意象造型的艺术是丰富多彩的，美术中的形体、颜色、肌理、量感等都可以成为强化因素而获得表意的强化；在形式区分上，尹少淳运用阿恩海姆的区分方式，“根据物体表象特征减少和主观因素增多的趋势，由两级的具象和抽象确定一个尺度，中间部分就是意象范畴”[1]。如图2-12所示，A段为具象，A向D（热抽象）是情绪化的抽象过程，B、C为意象；A向D^1（冷抽象）为分析与机械抽象的过程，B^1、C^1为意象。

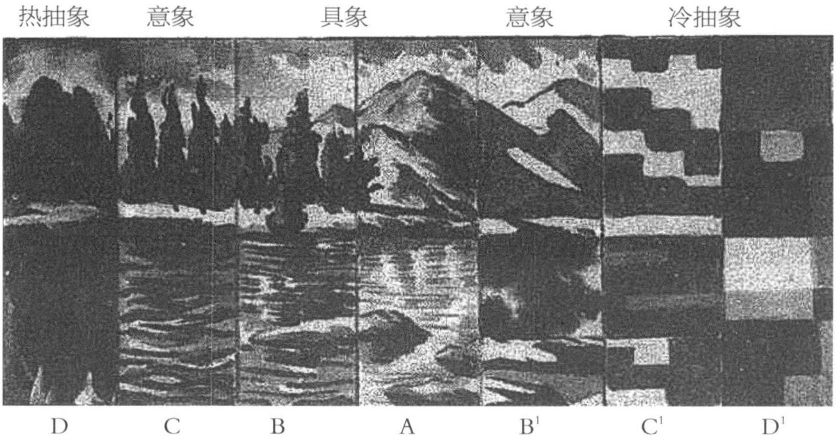

图2-12　具象、意象、抽象序列示例[2]

在图式意象形成方法上，尹少淳总结为以下几点：“1.利用基本图式的抽象共性特征，产生图式重叠和近似现象，在一定物体上发现新的意象（图2-13①、②）。2.利用基本图式的接近和重叠现象，进行图式的变通和视觉的隐喻（图2-13③）。3.基本图式的模糊化（图2-13④此图中间一幅为模糊图式，向左，可以成为撒切尔夫人，向右则是一幅母鸡图像）。”[3]

---

①尹少淳. 美术及其教育 [M]. 长沙：湖南美术出版社，1995：198.

②同上，第200页.

③同上，第251页.

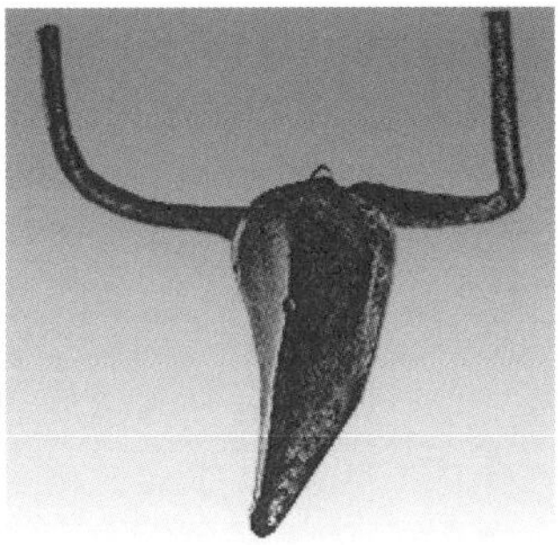

①西班牙 毕加索《公牛头》

②英 亨利·摩尔《躺卧的人》

③[①]

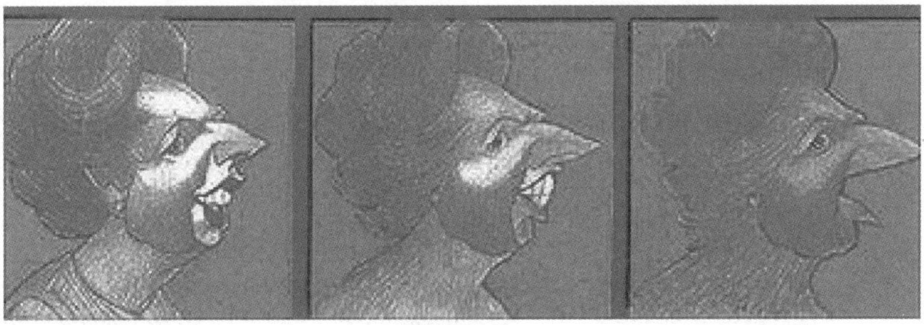

撒切尔夫人　　模糊图像　　母鸡

④法 让·米拉蒂埃《撒切尔夫人》

图2-13

二、中国传统审美意象与“意象美术及其教育”的关系

对意象形式演化的规律研究是意象美术教育研究的基础，这在形式研究上是有共通性的，但是中国传统审美意象又有着自己的文化特殊性，这在后

①尹少淳．美术及其教育 [M]．长沙：湖南美术出版社，1995：248.

面教育传达的实践部分还将进行分析。回到中国传统审美意象，其中的延续时间以及书写的性质对西方现代艺术也形成了很大影响，尤以抽象表现主义最为显著。抽象表现主义是西方最重要的现代艺术流派之一，在二战以后到20世纪60年代欧美艺术现象中尤其活跃，贡布里希（E.H.Gombrich）述及抽象表现主义时不仅与中国纯粹的书法作比拟，而且谈道“不仅是受到中国艺术的影响，而且也完全受到远东神秘主义的影响，特别是那种以佛教的禅为名在西方流行起来的神秘主义”。①抽象表现主义尽管在精神以及形式上模仿了东方艺术，但在内容等方面有自己的选择，整体而言顺应西方艺术发展的轨迹，其本质还是西方艺术。艺术特征是形式、内容、精神等诸多方面综合体现，这些方面不仅互为表里，而且互相制约。

根据罗恩菲德的理论，在整个美术形式区分中，尹少淳认为视觉型与具象美术的关联较大，而意象与触觉型、装饰型关联较大，抽象与装饰型关联较大。② 整体看这种倾向是明显的，触觉型比较重视主体的感受，表现性比较强。但是每个民族的艺术发展又有自己的轨迹，即对西方艺术自身发展而言，基本是从传统的视觉型向现代触觉型发展，即便在历史中某位艺术家个性为触觉型，他也无法脱离整个美术再现传统。就中国传统审美意象与西方比较而言，却并不能归结为因为其意象性就趋向触觉型，因为中国传统中一直有着对形与轮廓的要求（以形写神），线条是其造型基本手法、视觉趋向平面化，这里的“意”并不完全是个人情感的宣泄，它已经是一种集体的民族审美要求，即在儒道之间的意境传达与精神迹化，这与现代西方的艺术表现是有区别的。如果我们认同罗樾（Max Loehr）对中国绘画发展分段：装饰艺术（新石器时代到周朝）、再现艺术（汉代到南宋）、超再现艺术（元代）、历史性的东方艺术（明代、清代）。那么，再现艺术倾向于视觉型不必言，即便是超再现的文人写意，其基本表达的内容、形式的限定性远较西方表现领域狭窄，而“历史性的东方艺术”是复古之风的大盛，理论上则有董其昌（1555年—1636年）为马首，他说：“画家以古人为师，已自上乘，进

---

① [英]贡布里希．艺术发展史[M]．范景中，译．天津：天津人民美术出版社，1998：479.

②尹少淳．美术及其教育[M]．长沙：湖南美术出版社，1995：196.

此当以天地为师。”[①]他们不仅对古人的作品进行描摹，而且不断将自己的绘画语言符号重复，诚如雷德侯所言，中国绘画为“模件化绘画”“将母题视为模件”“他们艺术之伟大不是新颖的样式的发明，而在于熟悉的题材到了他的笔下，就能变化无穷，各现异彩”。[②]而西方对于仿古、模仿却是贬斥的态度，如高居翰（James Cahill）所言：“当代这些艺潮往往呈现出一种与传统艺术的密切关联。尽管如此，以‘仿古’为耻的风气仍然根深蒂固——譬如说，毕加索（Picasso）就因为改作委拉斯奎兹（Velasquez）的构图（这是‘仿’在西方艺术里的良好范例）而广受批评。反倒是一些次要的画家，只要他们露出种种假象的原创力时，反而会受到称颂，或至少免受批评。”[③]以上可见，中国传统审美意象属于意象造型的范畴，但是又不能看成主观自我体验为主，背后有其整个历史文化情境下意象审美精神与内容的限定性，这个精神与内容的限定对形式也形成了自己独特的造型法则，因此在形式上，中国传统美术意象造型并不是倾向于触觉型，似乎更多倾向于理性化的视觉型。郑午昌（1894年—1952年）在《中国画学全史》一书中对唐以降的中国传统以文人画为主体的美术描述为“文学化时期”。[④]可见，当时的意象在形式层面是服从于整体的艺术精神风貌的。

对于中国传统审美意象形式的分析，是以意象美术作为一个通行的基础，尹少淳言：“中国传统艺术则从未出现过严格的具象性，又从未出现过纯然的抽象主义，而是在具象与抽象的广阔范围内，建立起自己意象造型的独特体系。”[⑤]在广阔的意象空间，其独特之处又是什么呢？在与西方艺术形式比较中可以发现，中国美术形式从线与欣赏方式中获得了时间与运动的视觉体验，这是视觉体验意象化的一个视觉因素；其背后衔接的以文人为核心的中国传统艺术的内容、精神以及欣赏法则等诸多方面。如果以书法为中国绝对抽象的艺术典范，而绘画、雕塑则是保持着与描绘形象“似与不似之

①李来源，林木．中国古代画论发展史实[M]．上海：上海人民美术出版社，1997：217.
②[德]雷德侯．万物[M]．张总等，译．北京：生活·读书·新知三联书店，2005：270.
③[美]高居翰．山外山：晚明绘画[M]．王嘉骥，译．上海：上海书画出版社，2003：102.
④郑午昌．中国画学全史[M]．上海：上海书画出版社，1985：4.
⑤尹少淳．美术及其教育[M]．长沙：湖南美术出版社，1995：243.

间”的标准，明人王绂（1362年—1416年）言：“然必神游象外，方能意到圜中。今人或寥寥数笔，自矜高简；或重床叠屋，一味颟顸。动曰不求形似，岂知古人所云不求形似者，不似之似也。彼烦简失宜者乌可同年语哉!”[①]似之处是为了获得形象象征，寄情于物；不似之处则是联想与想象的疆场，可以“思接千载、视通万里”（刘勰），神游八荒，以抒发和体验创作与欣赏的悠游之心；太似，则“其幻愈真，其真愈幻”（陈从周）。无一相似之处的视觉艺术，则有书法在，何必需要此欺世之画？因而，在基本形式与意象的关系分析之后，则需要进一步探讨，内容上中国传统审美又是如何体现其意象性的呢？其意象又是如何承载教育与审美的功能的呢？

小结：中国美术中意象的形成，不仅仅是通过描述而形成的理解，从美术基本形式语言就能够发掘其中的特征。以上通过中国传统美术形式之间的比较以及与西方艺术形式的比较，我们能够发现技术语言之间对意象表现的共通的视觉语言特征。结合中国传统文化内涵，中国传统美术中的线表现的运动感与延时时间感以及由阅读而生的延续时间性表达，产生了视觉上的不确定性、意义上的意会性，以及由运动而生的由静至动之美，他们为完成“意”的表现提供了视觉基础。对意象生成的形式解读也是我们理解并实践中国传统审美意象美术教育的基础。

①俞剑华．中国古代画论类编[C]．北京：人民美术出版社，1957：100.

叁 [第三章]

形式和内容互为表里，然而中国传统绘画，尤其以精英艺术的文人画为代表，其形式是超越形式的，这是怎样的超越？其内容也超越于内容，指向人们心中的理想境界，这又是什么样的境界？这就是本章所要分析的主要问题。

第一节　形式与内容的融合——“诗、书、画、印”

一、“诗、书、画、印”对绘画形式的超越

在第一章对“图像学”一词的注释中引述了帕洛夫斯基（Erwin Panofsky）对图像研究进行的层次划分：第一层次为自然主题（Primary or Natural Matter），即纯粹所见的自然形式；第二层次为程式主题（Secondary or Conventional Matter），即图像母题的组合所反映的故事和寓意；第三层次为内在的意义或内容（Intrinsic Meaning or Content），即探索图像后面的民族、时代、阶级、宗教、哲学的基本态度等内容，这些会不自觉地体现出个人的个性，并凝结于其作品之中。但是，他又举出一个例外，如风景、静物和风俗画等题材描绘并没有太多的程式主题可以解读，因此是直接从自然主题转向了内在内容和意义的解读。[①]在这里，我还要举出一个例外中的例外，即这种形式不仅没有太多程式性主题可以解读，而且其基本形式的组合就并不“纯粹”，我们直接的视觉所见，除了绘画本身外，还有另外几种成分：诗、书、印。这种组合即是典型的成熟期文人画的视觉样式，它的形式组合方式已成为内容的一个部分，当我们在阅读它的同时，就已经进入到其内容和意义的情境中，脱离这个情境，它对观者的欣赏价值就微乎其微。我们以具体文人画（图3-1）的解读为例。

图3-1①为明代徐渭（1521年—1593年）《榴实图》，画中为石榴一支，这一支无所依托，卓然招展，却现生机一片，如沐高秋惠风。绘画内容很少，大量空白，正是计白当黑、益得高缈的有无意味。右上角有诗一首云：“山深熟石榴，向日便开口，深山少人收，颗颗明珠走。”这一绝句内容为作者怀才不遇的自况，其大小与石榴基本相似，在画面呈对角线分布，呈均衡

① ERWIN PANOFSKY. Stadies in iconology [M]. New York :Harper &Row. 1939: 5-7.

①明 徐渭《榴实图》

② 枝叶局部

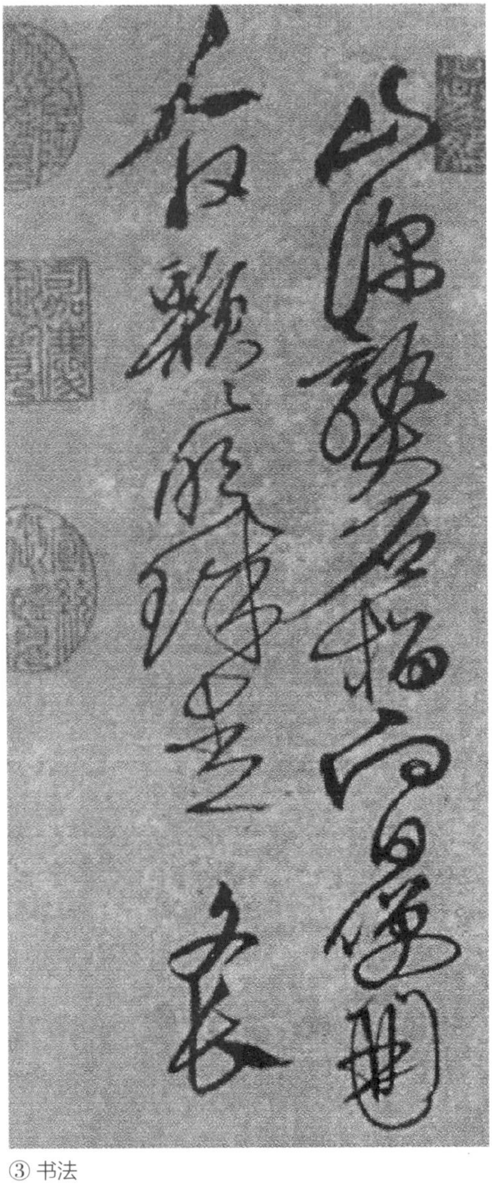

③ 书法

图3-1 文人画作品示例

状态，而取势左下。画面虽简略，但石榴及枝叶舒展，细节如影在壁，非常真实、凝练、生动。如果我们把枝叶局部提取出来（图3-1②），点画批离，姿态尽出，其用笔取势与书法有异曲同工之妙，画面平面化却有疾速缓慢的用笔情绪。再看书法，如果不把它当作文字，则是纸上的抽象布白，又极类画中树枝，曲拗有力（图3-1③）。从画中可见，书法与绘画在文人画中极具兼容性，在视觉体验上形式意象性非常显著，而其他绘画形式中因材质和技术差异原因，书写和绘画的融合是无法做到如此熨帖的（甚至是没有必要进行这样的融合）。画中的意象和生机与诗的内容也形成了照应，诗因画而鲜活，画因诗而深沉。最后，在墨色画面上，一枚红色印章即是有实用价值的款识所在，又为画面增色彩之精神。

从美术的三大功能——认识、审美、教育的功能而言，这样的作品既非为记录石榴，亦非教育大众，它体现的是自由而不逾矩的表现手法，画家高超的笔墨操控能力，极大调动视觉形式意象的流动、意会等法则，在功能则几乎是单为审美化的精神寄托而存在。这种奇特的诗、书、画、印的兼容形式，已经超越了纯粹的绘画。文章重点要探讨的是此中彰显的美术三个主要功能的教育价值，从狭义的教育来说，是教化的涵义，而在广义上，则不仅是教化，在中国传统审美意象教育中三个功能都将以审美为第一性，其潜移默化的涵泳与心灵寄托的人道超越（相对于天道）是文人画更深处的教育价值，这在后文将集中分析。

二、文人画形式与内容的结合关系

研究中单独强调文人画中的精神是因为它更集中地体现了中国传统绘画中的意象精神。当然，就如我们说传统、文化等词汇在大的概念是一个具有统一性的基本界定，而到各个具体的传统、文化，它们又各具特色。文人画是业余绘画，在其形成以及发展的过程中，纯粹由文人创作，符合其形式精神的绘画样式的时期并不很长，但是，跳到文中所对比的时空——现代与传统、西方与中国，则文人画的整体形态又呼之欲出。

在诗、书、画、印结合形成的过程（简化可以看作书与画同存于一幅作品，印以书法记）中，款识最初是一种说明性的文字，早在商代的锺鼎彝器、兵器等物上就有历史记录的文字，[①]战国有月令禁忌图示的《帛书图像》（图3-2①）[②]，可谓字画结合的典例，“绘画从汉代以来，彩绘壁画和漆器画中已见有题名题赞”[③]。画像石、画像砖也多有文字作榜题、标题、内容介绍以及赞颂的文字（图3-2①）。但是这些绘画并非纯粹审美目的，文字和图画可以相互解读，美术的认识功能和文字记录功能相结合，教化意味的内容比较明确。

在唐以后，“画之款识，唐人只小字，藏树根石罅，大约书不工者，多落纸背。至宋始有年月记之，然尤细楷一线，无书两行者。惟东坡行款皆大行楷，或有跋语三五行，已开元人一派。元人赵承旨犹有古风，至云林（图

①李福顺．中国美术史(上) [M]．沈阳：辽宁美术出版社，2000：120.
②同上，第152页．
③徐邦达．徐邦达集(一)・古书画鉴定概论[M]．北京：紫禁城出版社，2005：31.

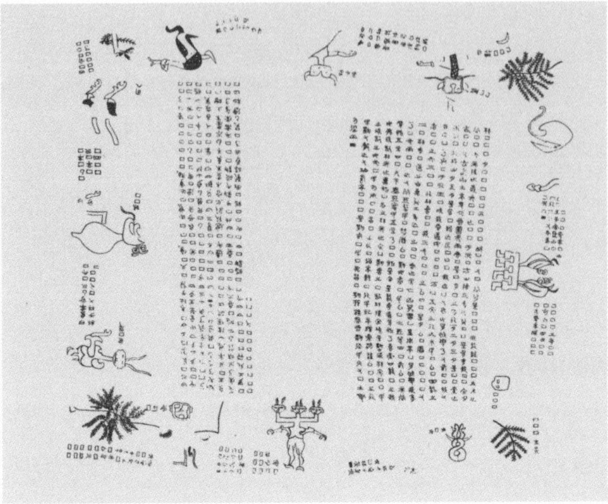
① 战国长沙子弹库帛书

② 山东武梁祠画像石

图3-2　画与文字的结合

3-2②）不独跋兼以诗，往往有百余字者。元人工书虽侵画位弥觉其隽雅，明之文、沈皆宗元人意也”[①]。为什么会如此呢？沈颢（1586年—1661年）解释说：“元以前多不用款，款或隐之石隙，恐书不精，有伤画局，后来书绘并工，附丽成观。”[②]但不排除这样的可能性：文人水墨虽有唐朝王维肇始一说，然而唐宋绘画主要都是倾向于工致写实，与书法的兼容性较弱，不宜多用书法，唐宋画家专业性较强，还没有形成真正的文人遣兴意味的作品，从形式兼容性上讲，并不宜于在画面上出现大量书法，即便是赵佶画面题字很多的工笔作品，其字体也是和画面协调的“瘦金体”，工致纤劲（图3-3①）。可见，在传统绘画中，绘画本体特征越明显，它与书法的兼容性就越差，而文人写意，诸多方面是超出绘画本身的（图3-3②）。

钱锺书说：“和西洋诗相形之下，中国旧诗大体上显得情感不奔放，说话不唠叨，嗓门儿不提得那么高，力气不使得那么狠，颜色不着得那么浓。在中国诗里算是‘浪漫’的，和西洋诗相形之下，仍然是‘古典’的；在中国诗里算是痛快的，比起西洋诗，仍然不失为含蓄的。”其实不仅是诗歌，中国美术

①这里主要是指审美价值大于认识价值的美术作品中的题字。见钱杜：《松壶画忆》，载俞剑华：《中国古代画论类编》，人民美术出版社1957年版第737页。

②沈颢．画尘［C］//俞剑华．中国古代画论类编．北京：人民美术出版社，1957：774.

①宋 赵佶《腊梅双禽图》

② 清 黄慎《捧花老人图》

图3-3 书画兼容性比较

中虽然有“错彩镂金”的华丽之美与“芙蓉出水”的清丽之美①，和西方以及现代美术相比，都显得优雅、清新。因为，中国传统精英趣味的美术，即便是非文人画，也有着很强烈的文学气息。以官办书画学习为例，汉代鸿都门学的学生虽然是分修经术、尺牍、鸟虫篆书法、辞赋、绘画，他们都是从太学生中选派出来②，其基本的文化素养都较高。而魏晋时期的士大夫书画就更具有较强的文化素养了。宋代画院的必修科目就有《说文》《尔雅》《方言》《释名》等小学内容，“士流”与“杂流”还有更多的人文课程选修。③即便是画院画家

①宗白华．宗白华全集（第三卷）[M]．合肥：安徽教育出版社，1994：450.
②黄冬富．中国美术教育史[M]．台北：师大书苑有限公司，2003：36-37.
③同上，第141页．

①宋 马远《秋江渔隐图》

② 文同《墨竹图》

图3-4　文人画与院体画的意境近似性比较

院体画作品也不是一味的富丽与粉饰风格，意境清远者大有人在，如马远（1140年—1225年）《秋江渔隐图》（图3-4①），除了用笔精致入微，无论精神意境都是与文人画无异。而很多文人画家作品也精致、细腻、写实。形态的精准是因为毛笔工具与线性表现的细致程度精准，虽西画也未必堪比，事实上，这种工致的文人画在形式上也并不利于绘画和书法形式的融合，如文同（1018年—1079年）的《墨竹图》（图3-4②，图上字堂题题字为明代王直与陈循）即是一例。

宋、元时期文人画大多依然受写实传统的影响，其形式尚未脱出于形似标准之外，这也发展成为文人画的另一种技术选择，滕固（1901年—1941年）在《中国美术小史》一文中就认为文人画有“纯粹的文人画一派，有以文人画而参与院画体制的一派”[①]。（图3-5①、图3-5②）在诗、书、画、印形式融合风格形成以后，明清多有鬻画为生之“文人画”家（吴门四家之

①滕固．中国美术小史[M]．北京：商务印书馆，1929；沈宁．滕固艺术文集[M]．上海：上海人民美术出版社，2003：92.

①宋 赵孟坚《墨兰》

②元 倪瓒《容膝斋图》

③清 吴昌硕《错落珊瑚珠》

图3-5　文人画之间的风格比较

仇英、清初六家之吴历、至于海上三任及白石老人等，不可胜数），其身份并非士人，所作绘画在精神面貌上则属于纯粹的文人画风，这时，文人画已经从精英艺术演化成一种被社会民众广泛接受的绘画风格了。（图3-5③）

当然，在形式上主要表现为画与书的融合，诗在形式上无法直接体现，但正是这无法体现的内容，是文人画超越纯粹绘画的一个重要因素，“诗、书、画、印”在文人画中，只有诗才是文人画家的本务。唐宋科举“进士科”考试中，“诗赋”为考试科目[①]，且受偏重，这导致诗歌的发达与繁荣，因此诗歌在表现的内容与题材上达到前所未有的广度与深度，从自然现象、政治动态、劳动生活、社会风习，直到个人感受可谓无所不包。所以，诗歌出现在绘画上往往不仅仅是对绘画内容的描述，而且是各种情感的抒发，如上文《榴实图》，诗表现更多的是自况，而不是图像的解说，图像似乎是在为诗服务。到后来，文人画中的题字也不限于诗，而是各种叙述、议论兼备，有很多绘画，文字的价值体现在文人的情感所指，没有文字，甚至绘画的意义都丧失了。在“诗、书、画、印”的结合中，语言文字不仅是对绘画的阐释，还包含了画家绘画的真正意义指向，是“意象”中“意”的直接文字呈现。因此，诗的内容让文人画超出了视觉范畴，在文人画中：绘画在形式上不是如帕洛夫斯基所说的“不自觉”，而是“自觉”地陈述了作品内在的意义或内容，即图像后面的“民族、时代、阶级、宗教、哲学的基本态度”；诗，在中国的文人画中，不是一个附属物，而是必不可少的核心部分之一。

纯粹士大夫文人画在绘画史中的时间并不长（即真正士大夫所画，他们的艺术理论奠定了绘画 “诗、书、画、印”结合样式的基础，很多士人的文人画并非都如后人描述的那样奔放，如文同、赵孟頫等宋元画家画风工致，与其绘画还受唐宋严谨绘画传统影响有关），但是其联系的基本因素却极具

---

①唐朝考试进士科考试内容有帖经、试杂文（即诗赋）、时务策，实际上，进士科的考试是偏重诗赋的，往往帖经不及格的，如果诗赋好也可以放过。宋代科举基本沿袭唐代，王安石变法也曾利用科举为之服务，废除明经诸科，只保留进士一科，罢诗赋、帖经、墨义，而以经义论策取士。后由于苏轼、司马光等人的反对，宋神宗熙宁四年乃重经义、诗赋两科，以为调和之计，其后遵行不改。见毛礼锐、瞿菊农、邵鹤亭：《中国古代教育史》，人民教育出版社1979年版。

扩散性、联系性，可以承上启下地铺开。在西方与当代对比范畴下，其实质是：文化整体的氛围造就了集精英理想与形式为一体的典型范式，就文人情感表达与诗书画印一体而言，它可以成为研究的一个核心，成为具有典型代表性的文化媒介。它的形式和内容已经不可分，和其他形式的绘画不同，如本章一开始所强调的，没有对中国文化知识的把握，阅读中国精英阶层的传统绘画将一无所获。

第二节 对中国传统审美意象美术“内在的意义”的分析

一、文人画的精英文化性质

其实中国绘画风格流派很多，民间绘画样式尤其繁杂，但是何以独要以代表中国传统精英的文人画来作为阐述重点呢？

罗伯特·雷德菲尔德（Robert Rebfield）将文化分为大传统（great tradition）与小传统（little tradition）的概念，这两个传统还可以被分为“上层文化和下层文化，民间文化和正统文化，通俗文化与学者文化，除此之外，还可以称之为‘科层文化’和‘世俗文化’”[①]，在今天，西方多用意义相近的精英文化（elite culture）与通俗文化（popular culture）。[②]尽管中西有文化发展的差别，但基本趋向有其一致性，“‘大传统’在我们这里是一个时代最高水准的思想与文化，其代表是一批知识精英”[③]。由中国知识分子所创作的中国文人画则基本可以看成精英文化艺术的代表，后来文人画发展成为中国民众普遍接受的艺术形式不仅是精英文化对大众文化的影响，[④]更说明，大众文化和精英文化存在基础上的文化通融性。因此，文人

①葛兆光. 中国思想史（卷一）[M]. 上海：复旦大学出版社，1997： 129.

②余英时. 士与中国文化[M]. 上海：上海人民出版社，2003：116.

③葛兆光. 中国思想史（卷一）[M]. 上海：复旦大学出版社，1997：129.

④文人画之名称始于董其昌“文人之画”，苏轼称其为“士人画”，他在《东坡题跋·跋宋汉杰画》中说：“观士人画，如阅天下马，取其意气所到。乃若画工，往往只取鞭策、皮毛、槽枥、刍秣，无一点俊拔，看数尺许便倦。汉杰，真士人画也！”但是士人画和文人画是有区别的，士人是以经世为人生宗旨的文人，而文人的范围要比士人大得多，士人画教强调规范，文人画则主要强调心性自我的表达。见徐建融：《文人画和士人画》（上），载《国画家》2008年第1期第9-12页。

画在美术教育中，对中国传统意象审美思维的理解与传达非其他中国美术形式所能取代。它集中反映了中国传统知识分子的艺术理想，也即以下叙述的文人画的具体内容。

文人画家作画的目的不是为了记录形象，而是一种情感抒发，我们可以说几乎所有的艺术都抒发情感，但中国传统文人画有两个特点：第一，形象服从于意；第二，中国传统文人抒发的情感有其针对性，形成了独特的意义象征对象。也即是我们在第一章意象的发展过程中所言意象中“意”的指涉，这就需要对中国传统文化中与艺术相关的主要思想做一个介绍。

二、儒道互补

中国思想发展非常复杂，第一章中多处引述学者论及儒家与道家思想在艺术中的关系，以及老庄思想对中国艺术影响的重要性。其实，几乎所有的人类文明都在很早就形成了二元对立的思想，生死即是理解二元对立的根本思考点之一，而对待生死态度的思想差异则会影响人们对待生活的态度，如佛家对现实生活持否定态度，儒家对现实生活则持肯定态度等。二元对立观念也渗透到事物的方方面面，作为中国知识分子的文化—心理结构，在个人取向上，要建立儒家入世的“兼济天下”的态度；在内心期望上，又需要一个心灵寄托以实现“独善其身”。因此，老庄思想的玄远超绝则满足了这种需求。但是儒道之间不仅仅是一种对立，其对立的前提是对人生的理解，葛兆光认为老庄推崇“天道”价值的时候，是对“世道”和“人道”的失望，“他们希望人类回归朴素和安宁，与宇宙及他人都保持和谐，维持人类生存的永恒。在这个思路中隐含了几种可以延伸的思路，一是以个人为中心的反社会的倾向，这将引出追寻个人自由或保全个人生命的两种不同结果；一是以内心体验为中心的反理智的倾向，引导思想超越具体的有形的世界，直探神秘的终极境界”[①]。因此，儒道互补是公共理想与个人价值的互补，是理性价值与感性价值的互补。在艺术上的体现，李泽厚认为“前者（儒家）对后世文艺的影响主要在主题内容方面；那么，后者则更多在创作规律方面，

①葛兆光．中国思想史（卷一）[M]．上海：复旦大学出版社，1997：127.

亦即审美方面”[①]。

当儒道理想融合到艺术中，则完全成为一个独立的审美对象，它与现实生活就形成了距离，也就从理性实践价值转化为审美判断的价值。[②]但是，我们的理解还要从艺术回到历史，儒道互补不仅仅是文化心理，在现实中，它也是政治的重要意识工具。我们从历史中可以看到，当社会混乱，则黄老思想盛行，而社会安定，则儒说盛行，这不仅是出于人的心灵在混乱中的逃避与求援，而且是现实的选择。因为在混乱时代，人们希望通过有力的道德法则或者秩序来规范社会行为是很困难的，而道家的思维却可以在社会力量不断发生变化的情境中因势利导，从而获得解决问题的契机。当统一的政权获得力量之后，统治者对民生有深刻的理解，其初始的“无为”政策对世俗的享受与追求较少，利于社会发展，而后再逐渐向儒家的社会系统化的管理转换。[③]文人画中超脱的审美意识就有着背后的社会意识，如谢柏柯（Jerome Silbergeld）在谈论士人获得绘画赞助的问题时认为，士人会通过绘画作品获得非经济上的交换，“他们的赞助更多的是建立在一致的阶级背景基础上的，并共同分享绘画作品上所具有的政治价值”[④]。这里就包含了一部分文人绘画可能包含的政治态度。

以上对影响中国传统绘画中的儒道互补做一个简述，并对儒道之间的社会性和文人绘画的政治性也做一点说明作为索引。绘画和社会的联系紧密，思想的理解当以社会理解为前提，从美术引发的教育而言，就可以从审美的教育走向认识的教育，与社会相互沟通才能获得对美术及其教育更好的理

①李泽厚. 美的历程[M]. 天津：天津社会科学出版社，2001：89.

②康德对内心的全部能力做了划分：“就一般心灵能力而言，只要把它们作为高层能力，即包含智力的能力看待，那么，对于认识能力（对自然的理论认识能力）来说，知性就是包含先天构成性能力；对于愉快不愉快的情感来说，判断力就是这种能力，它不依赖于那些有可能和欲求能力的规定相关并因而有可能是直接实践性的概念和感觉；对于欲求能力来说则是理性，它不借助于任何不论从何而来的愉快而是实践性的，并作为高层的能力给欲求能力规定了终极目的，这目的同时也就带有对客体的纯粹智性的愉悦。”见康德：《判断力批判》，人民出版社2001年版第32页。

③这一历史转换的案例可以参考张荫麟等编写的《中国史纲》中《汉初的学术与政治》章节。见张荫麟、吕思勉、蒋廷黻：《中国史纲》（中），陕西师范大学出版社2007年版。

④[美] 谢柏柯. 西方中国绘画史研究专论[C]. 张欣玮，洪再辛，龚继遂，译//洪再辛. 海外中国画研究文选. 上海：上海人民美术出版社，1990：55.

解。今天文人画政治意义的背景已经失去其现实功利，或者政治意义成为一种历史的感悟，变成审美的一部分了。

三、佛道儒的融合

佛教的传入对中国思想文化产生了重要的影响（佛教艺术本来就是中国美术中重要的组成部分，这里主要是讨论佛教对文人画的影响，也即对精英文化中的美术的影响）。儒学由于其入世的态度，在玄远幽思的思考上无法达到道家的高度；而儒、道皆“重生”，对于人生之外多“服食求神仙”以期冀美好人生的延续，佛教生死轮回的观念恰是对人生之外理解的一个补充。更为重要的是，道与佛在探问的领域中都有对“无”的理解和解读，冯友兰解读说：“当一切都被否定，包括否定先前的否定时，人便会发现自己处于庄子哲学中的那种地位；一切都被忘记，包括‘忘记一切’这一点也已忘记。这便是庄子所说的‘坐忘’。也就是佛家所说的‘涅槃’。”[①]这种近似性以及佛自我解脱的期许也使得佛与魏晋玄学可以走到一起，这也是佛教从西汉末年传入中国与中国思想融合的开始，进而产生中国玄学与佛教融合之禅宗。因此，葛兆光认为“后世禅宗乃是玄学与佛教禅学结合的产物，是南北朝时期玄学与佛学两大潮流交汇时代中国士大夫高涨的理论思维兴趣的产物，印度禅学给了它肉身与外形，中国玄学给了它骨架与血液”[②]。

在佛与中国玄学的融合中，中国文人士大夫对佛教从肉体到精神的双重苦修以达到对此身虚妄的参透，兴趣并不浓厚，而是合于自己的人生目标：“开士行禅，非为守寂，在游心于玄冥矣。”[③]因此舍弃了印度佛教中繁琐的僧团制度与习惯，将佛的参禅融入于自己的生活方式，“玄学清谈，是南方精神而透过贵族与名士的意境而表现出来，所以简易而不够朴实，充满了虚玄、逸乐（也许是山水之乐）的气息。南朝佛教，也不免沾染这些气息，玄

①冯友兰．中国哲学简史[M]．赵复三，译．北京：新世界出版社，2004：212.

②葛兆光．禅宗与中国文化[M]．上海：上海人民出版社，1986：16.

③谢敷在《安般守意经序》中，将“乘慧入禅”的人分为三类：无著、缘觉、菩萨，认为这三类皆是“开士行禅，非为守寂，在游心于玄冥矣”。见释僧佑：《出三藏记集》，中华书局1995年版第246页。

谈有余，实行不足”[①]。这种禅的改造，发生了从形式到内容的转换，“当这种禅的方法与老庄玄学、大乘空观逐渐结合形成中国禅思想的体系，它所追寻的终极境界就不再是有形的净土、佛陀；它所希冀的宗教奇迹就不再是想象的神异、再生，而是一种极幽极玄的只能在心灵中体验的宁静与恬乐，是一种能够洞察宇宙与人生的智慧”[②]。它与中国传统的“道”相兼合，可谓是“彼岸”与“此岸”的融合，是人生自然与超人生自然的结合，为中国艺术精神在艺术上的实现提供了较为系统的内容与方法。

佛教和道家可以精神相通，而与儒家沟通的一个重要环节则是佛教的出世思想与儒家的伦理道德之间的矛盾，但结果正如葛兆光所言：“在中国，所有宗教行为却都会被纳入中国思想世界所已经确立的、社会优先于个人的道德与伦理规范中。”[③]在文人画形成前的唐宋，也正是佛、道、儒达到新的一轮调整而融合的时代。佛教如唐百丈怀海禅师（720年—814年）将儒家的社会制度应用到佛教中创禅宗法制，作《百丈清规》奠定丛林清规，并倡导“一日不作，一日不食”，将禅学落实于日常生活中，宋儒曾仿效此清规而创立书院。[④]道教（全真）不仅在组织管理上效法佛教百丈怀海，且在宗教伦理上也吸收了“一日不作，一日不食”之教。[⑤]在道教“内丹术”[⑥]发展以后，道教在其教理上也与佛教相互融通，“内丹之道与禅宗之禅本有相通之处，在禅宗风行的时代，融摄禅宗、向禅靠拢，成为其兼容并蓄传统的道教内丹学发展的必然趋势”[⑦]。而“内丹学”对儒学理论的哲学推进也有很

①印顺．中国禅宗史[M]．南昌：江西人民出版社，1999：77.

②葛兆光．中国禅思想史（从6世纪到9世纪）[M]．北京：北京大学出版社，1995：98.

③葛兆光．中国思想史（卷一）[M]．上海：复旦大学出版社，1997：388.

④这个观点为余英时观点，葛兆光在《中国禅思想史（从6世纪到9世纪）》中认为百丈怀海立《百丈清规》是由于社会上将佛禅过度引入世俗因素，导致佛教本身的严肃性降低。见余英时：《士与中国文化》，上海人民出版社2003年版第401-408页。

⑤余英时．士与中国文化[M]．上海：上海人民出版社，2003：409.

⑥道教传统有炼丹术，早期炼丹服食为外丹术，常常导致猝死，后主张在理论上进行修炼，称为内丹术，指以人身体为“小天地”，以“天人合一”为指导思想进行性命的修炼，人的“精、气、神”在体内结丹，可以健身。提高生命功能，甚至成仙。见任继愈：《中国道教史》（下卷），中国社会科学出版社2001年版。

⑦任继愈．中国道教史（下卷）[M]．北京：中国社会科学出版社，2001：620.

大影响，[1]柳徵诒在《中国文化史》中的叙述可以与之映照："自宋以前，儒者之学，仅注重于人伦日用之间，而不甚讲求玄远高深之原理。道、释二氏，则又外于伦纪，而为绝人出世之想。惟宋之诸儒，言心言性，务极其精微；而于人事，复各求其至当，所谓明体达用，本末兼赅，此尤宋儒之特色也。"[2]因此，儒家在"经世致用"实用理性态度上重新追溯到孔子之儒曾衰弱的理想主义一派，进而产生"程朱理学"与"陆王心学"。[3]

文人画精神指向则正是文人们在"佛、道、儒"中情感理解中的寄托，这三者经常你中有我、我中有你，前文中引述李泽厚的观点，认为在"儒家影响美术主要在内容，道家主要在审美"。那么，佛教尤其是禅宗则给我们在对对象的审美中获得更多反思，这种反思既是对画面，也是对思想，并引发我们观看的方式与态度的体悟，这在某种意义上是对道家、对艺术"悠游"之心的超越。尽管佛、道、儒融合后有其共通性，但是他们在哲学的本源——"道"的理解上还是有自己的立场，这对艺术本身，尤其是美术教育的影响是巨大的。这个问题的分析留到后文专门解读，我们先从中国传统的绘画内容当中去分析，"佛道儒"在绘画中是如何表达的。

四、中国传统精英文化中美术分类隐藏的等级、价值意识

我们可以对中国传统美术的分类做一个分析，俞剑华认为在中国传统绘画中中国画的分类"没有绝对的标准，也没有一定的秩序，随时代的变化而有所

---

①周敦颐则从先秦儒家以人伦道德为中心的"天人合一论"立场出发，取"内丹宇宙论"，为封建伦理制造哲学根据。周敦颐的"无欲主静说"，显然也多分取于内丹。同样，邵雍的先天象数学哲学框架，无疑渊源于内丹《先天图》。见任继愈：《中国道教史》（下卷），中国社会科学出版社2001年版第640页。

②柳徵诒．中国文化史[M]．上海：上海古籍出版社，2003：577．

③"程朱理学"指程颐（1033年—1107年）和朱熹（1130年—1200年）建立的将"理"看成事物的本源的儒家学说，讨论"天人性命之理"。见《辞源》（下册修订本），商务印书馆2006年版第2062页。"陆王心学"指陆九渊（1139年—1192年）与王守仁（1472年—1529年），他们在理学的基础上，认为"心即理"（陆九渊）、"心外无物"，而不认为朱熹将"心"分为"道心"和"人心"，而将本源归于"理"的看法，认为"人心就是宇宙的本体"。见《辞源》（上册修订本），商务印书馆2006年版第1096页。

不同”[①]。但是，我们应该体会到，在分这些门类时所包含的内在价值取向。如宋《宣和画谱·宣和画谱叙目》中分为十门：道释、人物、宫室、番族、龙鱼、山水、畜兽、花鸟、墨竹、蔬果。分类排列的原因如表3-1所示：

表3-1 宣和画谱绘画类别及其分类原因[②]

分类	分类原因
道释	“六经济乎道者也”……道释特冠诸篇之首，盖取诸此。
人物	禀五行之秀，为万物之灵……故以人物次之。
宫室	……后世圣人立以制度……率见风俗。
番族	天子有道，守在四夷……来享来王，则不鄙其人。故以番族次之。
龙鱼	升降自如，不见畜制，变化莫测，相忘于江湖，翕然有雨雾从之，于夫濠梁之乐。故以龙鱼次之。
山水	五岳之作镇，四渎之发源，油然作云，沛然下雨。怒涛惊湍，咫尺万里，与夫云烟之惨舒，朝夕之显晦，若夫天造地设焉，故山水次之。
畜兽	牛之任重道远，马之行地无疆，与夫炳然之虎，蔚然之豹，韩卢之犬，东郭之兔，虽书传亦有取焉。故以畜兽次之。
花鸟	草木之华实，禽鸟之飞鸣，动植发生有不说之成理，行不言之四时，诗人取以为比兴讽谕。故以花鸟次之。
墨竹	……虚心高洁，如有美德……草木之秀无以加此，而脱去丹青，澹然可尚。故以墨竹次之。
蔬果	……养生之道，同于日用饮食，而秀实味美，可羞之于笾豆，荐之与神明。

从以上划分以及其缘由可见明显的价值目的：如道释关系是对最高价值“道”的体现，因此位置最高；而后“人物、宫室、番族”为人，人是“五

①俞剑华．宣和画谱[M]．南京：江苏美术出版社，2007：12.

②根据《宣和画谱·宣和画谱叙目》编排此表。见俞剑华：《宣和画谱》，江苏美术出版社2007年版第7页。

续表

行之秀，为万物之灵”，也是儒家关心的核心内容，关键是可以“见风俗”“体天子之道”，社会伦理价值明显，则比其他的重要；龙鱼有其神话象征的意义附以社会理解，因此仅在人之下；山水的变化幽微乃是天道的对应——“若夫天造地设”；“畜兽”“书传所取”也有着典型的象征比类意义；花鸟不仅体现自然之理，而且“诗人取以为比兴讽谕”，亦取见其社会象征的意义；墨竹有人格象征意义，兼笔墨中的“澹然可尚”，可以宜人宜教；蔬果不仅是生活之物，还可以“羞之于笾豆，荐之与神明”，又是超出于本身的意味了。

由以上的分类分析可见，即便在文人画尚未成熟之际，中国传统绘画的功能价值已经形成明确的价值取向，即所有的绘画形式都具有明显的精神意味、象征意味，即便不是直接的象征，也包含潜在的象征（其象征的类型法则，较接近黑格尔所言“自觉的象征”），最高的价值是对道的观照（道释），其次为社会规范的价值（人物、宫室、番族）；再次是天地映射的自然之理（山水），而这也是对道的另外的体现。最后是人格象征以及喻世的假托（畜兽、花鸟、墨竹、蔬果）。但是，龙鱼以下，每一行当我们都能看到一些纯粹审美的价值，如山水之“夫云烟之惨舒，朝夕之显晦”；畜兽之“炳然之虎，蔚然之豹”；花鸟、墨竹、蔬果的自然清和之美皆有所叙。

我们再看南宋邓椿在《画继》中的划分：仙佛神鬼、人物传写、山水林石、画竹翎毛、禽兽虫鱼、屋木舟车、蔬果药草、小景杂画[①]和《宣和画谱》大同小异，因为没有宣和画谱的政治性质，相对自由。但是，社会形成的意识在绘画中价值划分已经很明显了。脱离政治教化已经暗含的权力意识，而后的文人画家为何尤其钟爱山水、花鸟，不仅因为造型难度相对较弱，而且更能够体现情感意义上的自由性。冯友兰认为“儒家把艺术看作是道德教育的工具。道家对艺术没有正面提出系统的见解，但是他们追求心灵的自由流动，把自然看为最高理想，这给了中国的伟大艺术家无穷的灵感。

①邓椿．画继（卷六）[M]//于安澜．画史丛书（第一册）．上海：上海人民美术出版社，1962：43-44.

由于这一点，许多中国艺术家把自然作为艺术的对象，就不足为怪了。中国美术作品中的许多杰作都是写山水、花鸟、树木、竹枝。在许多山水画里，山脚下、溪水边，往往能看见一个人，静坐沉醉在天地的大美之中，从中领会超越于自然和人生之上的妙道。①

五、中国传统审美意象美术内容的综合分析

从以上分类分析中可见，其情感传递主要为两种方法、三种状态，方法主要是"有我的象征"与"无我的观照 "。前者具有直接的道德意义与政治意味，后者则是抒怀心灵的畅神意义；前者趋向于儒家，后者则趋向于道释。当然，这种划分只是求其简略，在长期的发展中，儒道释的融合在很多层面上是难分彼此的（如象征在道释中的运用也非常丰富，应该说象征是文艺表达的一个基本方法），很多作品就呈现为一种融合的状态，如果将前两种方法也看成状态，那么第三种状态则是"心与境的诗意交融"，这第三种状态甚至是最主要的呈现状态，正如王国维论诗曰："诗人对宇宙人生，须入乎其内，又须出乎其外。入乎其内，故能写之。出乎其外，故能观之。入乎其内，故有生气。出乎其外，故有高致"。②这种内外交合用在中国传统绘画审美也是很贴切的，以下试对以上三种态度进行分析。

王国维（1877 年—1927 年）在《人间词话》上将"词"的境界分为"有我之境"与"无我之境"："以我观物，故物皆着我之色彩。无我之境，以物观物，故不知何者为我，何者为物。"③有我之境，则是个人主体性的实现，以"移情于物"的状态获得审美体验。在中国传统美术中，绘画在进行道德教化功能的时候，常将政治道德意识通过美术作品进行传达，而自然之物常常有个预设的象征意义，如梅兰菊竹的君子人格象征，花鸟中牡丹的富贵权力象征等，这里最易融合的是伦理道德的状态。"无我之境"则舍弃人的主体性，寻求天、地、人、物之间合一的状态，超越现实对人生进行反

①冯友兰. 中国哲学简史 [M]. 赵复三，译. 北京：新世界出版社，2004：20.
②王国维. 人间词话 [M]. 上海：上海古籍出版社，1998：15.
③同上，第 1 页.

思。因此，无我之境，常常更多地体现为哲学化理解。“有我”是无我的映射，因此是“由动之静时得之”，故易形成“宏壮”之美，较类似西方“崇高”之美，即物象对人的情感影响，产生心理上对强大事物征服的心理快慰。而“无我”是“人唯于静中得之”，故“优美”。[①]“有我的象征”是人对事物的喻类，常常以道德的态度要求观者，因此，引起人对事物映射对象的“敬意”；而“无我的观照”是通过心灵的体悟获得超现实的和合，因此需要“体悟”。但是，在绘画中，由于各种思想的融合，常常无法纯粹进行区分，而呈现出“心与境的诗意交融”，这是大多数文艺作品的特征，通过各种方式表达自己对事物的各种情感，这就更集中地体现出一种文学化的“意境”追求。这里也恰恰体现在似与不似之间、人生与宇宙之间的畅游。

小结：通过对中国传统美术中以精英文化渗透的美术内容的分析，尤其以文人画为代表，其形式与内容是紧密联系甚至无法分开的，其途径则是将美术融合于文学、哲学等领域，因而它是超越绘画的。其中，文人情感的寄托是绘画的终极目标，这个情感包含的内容有所指向，主要分为对现实的期冀与反叛、在世道之外求得天人合一的自然道理，以及对“彼岸”精神“内在超越”[②]的观照。综合而言，中国传统美术的内容要求传达载道之“意”，及至审美自觉的形成，则美术成为体现人们心境的观照物，由此，美术的价值标准从儒转入道释！由于美术传达的内容、价值要求趋于相对统一，艺术又必须不断更新才能适应审美的发展，发生玩味的空间则倾向于笔墨形式所传达的意象形式，形式也就融汇了精神情感成了中国传统绘画的审美核心内容之一。这也就体现出中国传统审美中“形意”与“心意”的完美结合。那么，中国传统审美意象的美术教育价值也在“有我的象征”“无我的观照”以及“心与境的诗意交融”这三种态度上分别在道德、哲学与艺术三个取向上来实现（表3-2）。

---

①同上，第2页.

②汤一介认为“禅宗作为一种宗教，它不仅破除一切传统佛教的规矩且认为在日常生活中不靠外力，只靠禅师的内在自觉就可以成佛，这样就可以把以‘外在超越’为特征的宗教变成以‘内在超越’为特征的非宗教的宗教，由出世转向入世，从而克服了二元的倾向。”见汤一介：《佛教与中国文化》，宗教文化出版社1999年版第198页。

表3-2 中国传统审美意象的内容体现

审美意象内容表现特征	价值取向（教育指向）	价值中心	体验特征	题材及其表现
有我的象征	伦理道德	以儒为价值中心	敬	人物、花鸟多为“意象比譬”与“显喻”；山水多为“隐喻”
心与境的诗意交融	艺术	以道为价值中心（佛道儒的融合）	游（赏）	山水、花鸟为主，人物一般不作为主体呈现
无我的观照	哲学	以佛禅为价值中心	（体）悟	山水为主、花鸟次之，人物多为道释象征，或者不作主体呈现

肆 [第四章]

老子言："故，常无欲以观其妙，常有欲以观其徼"①，凡事当观其始终、大小、内外，然后才能获得较全面的理解。将中国传统审美意象的教育传达建立在一个意义整体上，是其大；对其形式、内容的分析，是其小。在教育中，既要把握其整体意义，又要有细节表现的功夫，否则，教育实践就无法落到实处，在传达中就会支离破碎。

中国传统审美意象的美术教育价值构成，基本蕴含在中国传统审美意象的内容中。尽管佛道儒的融合在艺术表现上经常彼此莫辨，但在教育价值取向上却有着明显的不同，其区别的根源是价值立场的差异，区别的基本点则是对"道"的不同理解。对于艺术的态度，儒家是在"志于道，据于德，依于仁，游于艺"②中体现综合人格美育；而道释则是"乘物以游心（庄子）""澄怀观道（宗炳）"，以获得心灵的感悟。

第一节　中国传统审美意象的美术教育价值构成

一、"志于道，据于德，依于仁，游于艺"体现的综合人格美育③

（一）儒家综合人格美育的逻辑与层次

儒家的"道"和"德"联系紧密，如第一章中叙述过，中国传统文化中将天地人格化、秩序化，这种伦理化的世界观在维护国家稳定中起到重要作用。儒家之道在哲学层面上的理解，孔子在《周易·系辞上》中有述：

"一阴一阳之谓道，继之者善也，成之者性也。仁者见之谓之仁，知者见之谓之知，百姓日用而不知，故君子之道鲜矣。显诸仁，藏诸用，鼓万物而不与圣人同忧，盛德大业至矣哉！富有之谓大业，日新之谓盛德。生生之谓易，成象之谓乾，效法之谓坤，极数知来之谓占，通变之谓事，阴阳不测

①王弼，魏源. 老子道德经·老子本义[M]. 上海：上海书店，1988：1.

②朱熹. 四书集注·论语集注（卷四）[M]. 长沙：岳麓书社，1985：121.

③秦华. 论"游于艺"中的"综合人格美育"在美术教育中的意义[D]. 南京：南京师范大学，2006；尹少淳. 两岸清风·双潭映月海峡两岸研究生美术教育论文集[C]. 北京：首都师范大学出版社，2010：294-303.

之谓神。”[①]

孔子（公元前551年—公元前479年）始终将道的哲学意义融入到社会伦理价值中，与“仁”“德”“智”以及“百姓日用”联系起来。《中庸》录“苟不至德，至道不凝焉”。[②]可见，道与德的关系为“体与用”关系，其总结也是将自然“生生之为易”的生命精神价值彰显出来。

至于“艺”与“道”“德”的关系则可以从“志于道，据于德，依于仁，游于艺”中获得理解，朱熹（1130年—1200年）注：

“此章言人之为学，当如是也。盖学莫先于立志，志道，则心存于正而不他，据德，则道得于心而不失，依仁，则德性常用而物欲不行，游艺，则小物不遗而动息有养。学者于此，有以不失其先后之序，轻重之伦焉，则本末兼该，内外交养，日用之间，无少间隙，而涵泳从容，忽不自知其入于圣贤之域矣。”[③]

朱熹呈现了儒家人格培养的先后顺序与人格美育体系。分析如下：

志于道：“志于道，志者，心之所谓也。”[④]“道，则人伦日用之间所当行者是也。知此而心必之焉，则所适者正，而无他歧之惑也。”[⑤]可见，“道”乃是人格培养的第一步：树立一个终极的理想。

据于德：“据者，执守之意。德，则行道而有得于心者也，得之于心而守之不失，则终使维一，而有日新之功矣。”[⑥]道的理解是常有的，如果不据之于心则易失去，故需要通过“德”的修炼，守之不失。中国古代“德”有道德、德政、恩惠、本质、客观规律等多重意思，[⑦]主要体现为对远古氏族的礼俗或习惯的遵守。传统的道德规范往往因为时代局限性体现出统治者的阶级意识，形成了对下层民众的束缚。“以美育代宗教”（蔡元培）的提出充

①李学勤.十三经注疏·周易正义（标点本）[M].北京：北京大学出版社，1999：268-272.

②郑玄注：“古语先有其文，今夫子既言三百、三千待其贤人始行，故引古语证之。”见李学勤：《十三经注疏·礼记正义》(标点本)，北京大学出版社1999年版第1455页。

③朱熹.四书集注·论语集注（卷四）[M].长沙：岳麓书社，1985：121.

④同上，第121页.

⑤同上，第121页.

⑥同上，第121页.

⑦汉语大词典编辑委员会.汉语大词典（第一卷）[M].上海：上海辞书出版社，1986：841.

分肯定了审美教育中涵盖的德育功能。朱熹的解读“德者，得也”似乎更加强调了“德”是一个潜移默化的过程，这个过程包含了道德的训练，正与赫伯·里德（Herbert Read，1893年—1968年）所认同的道德和训练是统一的，不过艺术教育所取的道德训练方法不是强制，而是美育的方法①。

依于仁：“依者，不违之谓，仁，则私欲尽去，而心德之全也，功夫至此，而无终食违，则存养之熟，无适而非天理之流行矣。”②仁者爱人，作为儒家的核心要求，则体现了在“据德”以致不离于道的前提下人的基本人生态度和行为要求。“仁”是儒家学说的核心内容。《论语·颜渊十二·樊迟问仁》：“子曰：‘爱人。’③朱注：‘爱人，仁之施。’”④在同一章中：“仲弓问仁，子曰：……己所不欲，勿施于人。”⑤在《论语·雍也第六》中，孔子说：“夫仁者，己欲立而立人，己欲达而达人。”⑥可见，儒家之“仁”是从“爱”而演化出一系列的“据于德”的规范，即“仁”包含了“恭、宽、信、敏、惠”。⑦所以，儒家之“仁”表达了以“爱”为中心，以协调人与人、人与社会之间的相互关系。

游于艺：“游者，玩物适情之谓，艺，则礼乐之父。射御书数之法，皆至理所寓，而日用之不可阙者也。朝夕游焉，以博其义理之趣，则应务有余，而心亦无所放矣”⑧，这其中充分寓于了“志于道，据于德，依于仁”的要求，在技艺的涵泳中，得到综合的对“仁”的表达，对“德”的体现与对“道”的观照。可见，“游于艺”是前三者最终的演绎方式，《礼记·学记》说：“不兴其艺，不能乐学。故君子之于学也，藏焉，修焉，息焉，游焉，夫然，故安其学而亲其师，乐其友而信其道。是以虽离师辅

① [英] 赫伯·里德. 通过艺术的教育 [M]. 吕廷和，译. 长沙：湖南美术出版社，1993：254-272.

②朱熹. 四书集注·论语集注（卷四）[M]. 长沙：岳麓书社，1985：121.

③同上，第171页.

④同上，第171页.

⑤同上，第164页.

⑥同上，第118页.

⑦同上，第213页.

⑧同上，第213页.

而不反也。”[①]

从对于“游于艺”的具体分析中，它集中体现了儒家人格美育的完整的逻辑过程和步骤，即从“志于道”的目标为起点，以“德”为根据，以“仁”为行为要求，“艺”的涵泳为具体方式的步骤。这个过程中，“游于艺”是行为目标的起点，从“游于艺”可以反溯到“志于道”的终极目标。

对于“游于艺”中包含的精神的不断深化，以及对其更深层的理解则体现于“兴于诗，立于礼，成于乐”[②]之中。“兴于诗”即文学艺术的形象化，情感化启蒙[③]；“立于礼”即使人获得行为规范，从外向内树立人格；“成于乐”指通过乐的熏陶和感化，成就与天地同和的人格本体境界，所以，从诗的起情中，“以美启真”（李泽厚）而后“礼所以立身”“乐所以成性”，这是在“游艺”中体现的中国传统人文精神人格化育的层次与途径。

以上分析主要是阐述中华传统人文精神的铸造的过程、步骤与层次，以集中体现“游于艺”思想的精神实质，即从形式到内容再到本质体现出“道”的终极价值。

以上“游于艺”的人格美育的价值主要针对音乐而言，早期中西方的“艺”都不包含美术[④]。郑玄（127年—200年）《礼记·学记》注：“不兴其艺，不能乐学，艺谓礼，乐，射，御，书，数。”[⑤]中国乐教主要源于原始祭祀，所以在儒家建立传统道德规范的时候，音乐的伦理价值可以看成对原始音乐实用性的延续。如《礼记·乐记》记载子夏言论：“‘郑音好滥淫志，

---

①李学勤.十三经注疏·礼记正义（标点本）[M].北京：北京大学出版社，1999：1058.

②朱熹.四书集注·论语集注（卷四）[M].长沙：岳麓书社，1985：132.

③潘立勇.朱熹人格美育的化育精神[J].浙江大学学报，2001(5)：32.

④西方在古希腊时期，“art”一词也没有今天的艺术的概念，而“techne”则更接近于我们今天艺术的意思；它指我们今天统称的技艺科学，更与今天的“美术”（fine arts）则相去甚远了。古希腊思想家们常将“艺术”与“自然”相对，他们考虑的是一般的人类行为活动。文艺复兴时期由于透视法、解剖学和几何比例被认为是视觉艺术的重要部分。16世纪意大利发出要求提高视觉艺术的社会和文化地位的呼声，最终三门视觉艺术：绘画、雕塑和建筑第一次与技艺截然分离。美术作为美的“艺术”的分支，它的分离与社会科技、思想的发展有着极大关联。见P.克里斯特勒：《艺术的近现代体系》，载范景中、曹意强：《美术史与观念史Ⅱ》，南京师范大学出版社2001年版第437-522页。

⑤李学勤.十三经注疏·礼记正义（标点本）[M].北京：北京大学出版社，1999：1058.

宋音燕女溺志，卫音趋数烦志，齐音敖仍辟乔志’此四者，皆淫于色而害于德，是以祭祀弗用也。”[①]说明了祭祀音乐的雅正要求。春秋时期，人们已经意识到音乐世俗化对礼教的冲击：“故人不耐无乐，乐不耐无形。形而不为道，不耐无乱。”[②]音乐的伦理价值到儒家变成正统的国家道德标准，就形成了对所有艺术的道德规范（参看第一章相关内容），尽管在美术“形成自觉”（徐复观言，魏晋时期）以后不再依据单一的“人伦教化”标准，其艺术教育的纲领性价值并没削弱，如《宣和画谱·道释绪论》[③]即引“志于道，据于德，依于仁，游于艺”开篇。画谱画论中籍此语者不知凡几。但是，在艺术实践上倾向道释游心寄意取向渐成为主流，因此，钱锺书在《中国诗与中国画》一文中论及中国诗歌中的正宗是以杜甫为代表的儒家正统，而相当于神韵派诗歌的南宗绘画风格却是绘画中的正宗。[④]

（二）儒家综合人格美育在现代美术教育中的意义

儒家艺术观的综合人格美育在任何时代都具有重要的价值，在美术发展成熟以后，综合人格美育的体现基本已经和美术作品融为一体，成为“辅翼道德（鲁迅）”人格教育中不可分割的一部分。《易》言“蒙以养正”[⑤]，在美术中，暗含的道理，正合“能以蒙昧隐默自养正道，乃成至圣之功”[⑥]的道理了。

历史经常将结论提前献给了未来的问题，在价值多元化的今天，教育研究不断扩展，对受教育者潜在能力的发掘成了应有之义，创造力似乎已经凌驾于一切其他能力之上，这暗藏了很多危机。如果教育有着解决现在和未来社会问题的乡愿，那我们今天的现状在某些情境下正如丹尼尔·贝尔（Danniel Bell）在《资本主义文化矛盾》（The Cultural Contradictions of

①李学勤. 十三经注疏·礼记正义（标点本）[M]. 北京：北京大学出版社，1999：1125.

②“耐”做“能”解。见李学勤：《十三经注疏·礼记正义》（标点本），北京大学出版社1999年版第1143页。

③俞剑华. 宣和画谱[M]. 南京：江苏美术出版社，2007：23.

④钱锺书. 七缀集[M]. 北京：生活·读书·新知三联书店，2002.

⑤李学勤. 十三经注疏·周易正义（标点本）[M]. 北京：北京大学出版社，1999：39.

⑥此句为孔颖达对“蒙以养正，圣功也”的疏。见李学勤：《十三经注疏·周易正义》（标点本），北京大学出版社1999年版第39页。

Capitalism）中所描述的“现代主义的真正问题是信仰问题……它就是一种精神危机，因为这种新生的稳定意识本身充满了空幻，而旧的信念又不复存在了”[①]。并且，他在文中提到其解决的途径：“宗教能够重建代与代之间的连续关系，将我们带回生存的困境之中，那是人道和友爱的基础。”[②]资本主义的文化矛盾具有普遍性，西方期望通过宗教重新获得外在于自己的超越，那么，中国传统的哲学智慧则是内在的超越（汤一介），对传统的人格美育价值的宣扬即是回归中的超越。

人格美育一直是美术教育的中坚思想之一，中华人民共和国教育部2001年制定的《全日制义务教育美术课程标准（实验稿）》前言中要求 “提高审美意识和审美能力，增强对大自然和人类社会的热爱及责任感，发展创造美好生活的愿望与能力”[③]。在2002年制定的《普通高中美术课程标准（实验稿）》中的课程性质一项中指出：普通高中美术课程能帮助学生实现陶冶审美情操，提高生活品质的价值。[④] 在前言中要求“形成有益于个人和社会的情感、态度和价值观”。而以“志于道，据于德，依于仁，游于艺”为完整逻辑层次的综合人格美育，几乎完整地体现了两个课程标准的要求：个人情感在“志道”的价值牵引下，以“依仁，据德”为人生态度规范，在“游艺”中得到潜移默化的审美陶冶，从对艺术之爱映射到对山川万物之爱，对山川万物之爱又复归人生，以完成一个“爱满天下（陶行知）”的人格塑造。这是中国传统意象精神内涵之一的综合人格美育与生命精神的传达。而中国传统审美意象的另外一层则是在道释的悠游观照中获得心灵体悟的教育——澄怀观道。

---

①[美]丹尼尔·贝尔.资本主义文化矛盾[M].赵一凡等，译.北京：生活·读书·新知三联书店，1989：74.

②同上，第76页.

③中华人民共和国教育部.全日制义务教育美术课程标准（实验）[M].北京：人民教育出版社，2001：1.

④同上，第1页.

二、澄怀观道——心灵感悟的情操陶冶（心灵美育）

（一）动与静

在第三章中论述过，中国传统审美的三个态度取向上，其中以儒家为价值中心的“有我的观照”是“道”“德”“艺”的结合，在哲学源头上是“生生之为易”的生命展现，因此，在美术的形式与内容上都体现出儒家“动”的精神。但在另外一极“无我的观照”中玄思与禅思融合，将中国哲学思维引向“静”的一极。而中间的“心与境的诗意交融”则是在“气韵生动”之外又追求深深的寂静。《庄子·外篇·天道》云：“静而圣，动而王，无为也而尊，朴素而天下莫能与之争美。夫明白于天地之德者，此之谓大本大宗，与天和者也；所以均调天下，与人和者也。与人和者，谓之人乐；与天和者，谓之天乐。”[①]如果儒家追求的是“与人和”的人生境界，那么道家则是“与天和”的圣贤境界。汤一介将孔子的理想称为“知行合一”，以“善”为核心；将老子的理想称为“天人合一”，以“真”为核心；而将庄子的理想称为“情景合一”，以“美”为核心[②]。中国传统审美的意象精神即是“真、善、美”的统一、“动与静”的统一。宗白华在《中国艺术意境之诞生》一文中说：“绘画由丰满的色相达到最高心灵境界，所谓禅境的表现，种种境层，以此为归宿。……禅意的境界乃是最高心灵的归宿，禅是动中的极静，也是静中的极动，寂而常照，照而常寂，动静不二，直探生命的本原。”[③]那么，在澄怀以观道的艺术体验中，则包含着庄子的“游心”与禅意的“妙悟”。

（二）游心与妙悟

第一章中在描述中国传统美术时间性时，已经对中国美术创作与欣赏的态度做过分析，乃是从动观的态度来对待自然与艺术。宗炳在《画山水序》中描述了先虚空怀抱（澄怀），然后在与山水的交流中“目亦同应，心亦俱会”，达到物我两忘的自由境界——“神之所畅，孰有先焉”。这里体验的是

---

①郭庆潘.庄子集释(中)[M].北京：中华书局，1961：458.

②汤一介.儒道释与内在超越问题[M].南昌：江西人民出版社，1991.

③宗白华.宗白华全集（第二卷）[M].合肥：安徽教育出版社，1994：364.

一种纯粹的美，“无丝毫不愉快或烦闷可言”[①]，这也就实现了“万趣融其神思”的“仁智之乐”[②]。悠游之心是中国文艺中显现的人生态度，庄子的“乘物以游心”是精神与自然的统一，在“游”中达到自由的境界、忘我的境界。悠游是飘忽，不知所起，不知所终，所有的一切都受“心”的引导，“意”的引导，虽动而实静，是欢乐的静。在心无旁骛的唯美世界中，获得心灵的洗礼，培养高蹈的情怀。

艺术创作中的哲学思考为艺术提供了深度反思。悠游之心在探索心灵的本源时，并不是用逻辑思维，而更多地依靠自觉。如中国文艺中的“兴”，是依靠非逻辑的意会获得。“兴”提供心灵感悟的始源，而“悟”在禅直接对现实世界的反思中，从“兴”的“无意”提高到主动探索，为融通心物的思维途径寻找到了方法。

游心的极境是从内心深处体味万象，这即是禅的内省境界。慧能在《坛经·般若品第二》中言：“知本性自有般若之智，自用智慧，常观照故，不假文字。譬如雨水，不从天有，元是龙能兴致，令一切众生，一切草木，有情无情，悉皆蒙润，百川众流，却入大海，合为一体。众生本性般若之智，亦复如是。”[③]这是智慧的圆融如一 。禅宗期望“以智慧而照见事理”的方法——“观照”[④]来实现对宇宙人生的最高理解。“若无尘劳，智慧常现，不离自性。悟此法者，即是无念、无忆、无著。不起杂妄，用自真如性，以智慧观照；于一切法不取不舍。即是见性成佛道。”[⑤]智慧观照，抛弃逻辑的思维，即可达到“顿悟成佛”：“故知万法尽在自心，何不从心中顿见真如本

---

①宗白华认为纯粹的美是指“美的感觉，虽起源于对象，而事实上仍为主观之情感的状态或判断，所谓纯粹美者，系一object能引起一种情感状态。又能极满足，无丝毫不愉快或烦闷可言，又无实际生活之压迫（如占有情绪等）及现象之矛盾，此纯粹之定义也”。见宗白华：《宗白华全集》（第一卷），安徽教育出版社1994年版第516页。

②宗炳. 画山水序 [M] //李来源，林木. 中国古代画论发展史实. 上海：上海人民美术出版社，1997：48.

③慧能. 六祖坛经（新版敦煌新本）[M]. 杨曾文，校写. 北京：宗教文化出版社，2001：33.

④广东、广西、河南、湖南辞源修订组，商务印书馆编辑部. 辞源（下册修订本）[M]. 北京：商务印书馆，2006：2860.

⑤慧能. 六祖坛经（新版敦煌新本）[M]. 杨曾文校写. 北京：宗教文化出版社，2001：31-32.

性？《菩萨戒经》云：‘我本元自性清净，若识自心见性，皆成佛道’，《净名经》云：‘即时豁然，还得本心’。”[①]

禅宗经常通过一些超越逻辑的语言、行为让修行者明白道理，为无数禅宗的公案[②]提供了禅悟的范例。林木大拙认为禅悟的方法是“前科学的或后科学的，或甚至是反科学的方法”，“是把生命按它所生活的样子来感受”。[③]这种倾向感性的描述时常让许多科学性分析束手无策。佛洛姆（Erich Fromm）认为将潜意识的揭露推行到极端可以作为开悟的一个步骤，[④]但无法揭示出“悟”的真意。格式塔心理学认为顿悟是心理表征的突然建构。顿悟过程中既有新的问题表征的形成，又有“潜伏”（即潜意识）对问题解决的影响。Ansburg 等宣称重构是顿悟的认知过程与机制。[⑤]人们习惯用逻辑思维去解释所有问题，在逻辑之内，我们虽然还无法认识禅的顿悟本身，但是我们可以认为，禅悟体现了一种高超的创造能力。它类似于灵感在突然情境下迸发，但禅悟的价值和目的又超越于一般的灵感，这种思维在教育中具有重要的价值。

陆九渊将禅的顿悟引入到教育，他说“念虑之正不正，在顷刻而知之，即可以正。念虑之正者，顷刻而失之，即是不正。此事皆在其心。”[⑥]他经常用禅宗富有机锋的问答来启发引导学生（见《陆九渊集》卷三十四、三十五）。这种禅悟的意识已经变成富有深心的创造性思维。在中国传统美术中，不仅创作中需要灵感启发，在观看欣赏时，很多意境以及精神传达，都被画家预设了心灵的感悟，画面只是一个引导的契机。这与现代艺术的某些

---

①慧能. 六祖坛经（新版敦煌新本）[M]. 杨曾文校写. 北京：宗教文化出版社，2001：34-36.

② 禅宗公案指“用教理来解决疑难问题，如官府判案，故也称公案”，禅师经常通过一些非逻辑的言行让修行者在窘迫中获得心性的了悟。见《辞源》（上册修订本），商务印书馆2006年版第312页。

③ [日]铃木大拙，[美]佛洛姆. 禅与心理分析[M]. 孟祥森，译. 北京：中国民间文艺出版社出版，1986：208.

④同上，第 208页.

⑤帅保国，张庆林. 顿悟思维：意识的还是潜意识的[J]. 华东师范大学学报（教育科学版），2004(9)：52.

⑥陆九渊. 陆九渊集[M]. 钟哲点校. 北京：中华书局，1980：270.

特征极为类似，这类绘画的最终目的即是“得意忘形”，在欣赏中获得人生感悟。

如果说顿悟在心灵感悟中倾向“无我的观照”，那么，将“悟”的体验应用到“心与境的诗意交融”、将禅的宗教意味带回到人世，则是会心的“妙悟”了。这将心灵的情感陶冶用纯粹审美带到了精神的极境。“悟”不是如它到来一样简单，钱锺书在《谈艺录》中说：“夫悟而且妙，未必一蹴即就也；乃博采乃有所通，力索而有所入也。学道学诗，非悟不进。”[①] 悟的偶然性、创造性、跳跃性、非逻辑性需要不断的积累，不管人悟的快慢，都需要思与学的功夫，也即钱锺书之谓：“速悟待思学为之后，迟悟更待思学为之先。”[②]

（三）“心灵感悟的情操陶冶”的心灵美育价值

有了禅悟的心灵，我们就可以“各以他自己的禀赋，把生活化成真诚的艺术（林木大拙）”[③]。在禅机妙悟中，艺术即人生，人生即艺术。相对于老庄的悠游与禅意的妙悟，儒家伦理道德取向的美术教育似乎更关注个人的情感体验，更倾向于一种“无功利”的审美态度。但是“无功利”的态度却有着涵养人心灵的价值。朱光潜说：“我坚信中国社会闹得如此之糟，不完全是制度的问题，是大半由于人心太坏。我坚信情感比理智重要，要洗刷人心，并非几句道德家言所可了事，一定要从怡情养性做起，一定要于饱食暖衣、高官厚禄等之外，别有较高尚、较纯洁的企求。要求人心净化，先要求人生美化。”[④]纯粹的情感陶冶可以从个人的心灵美化达到社会的美化，也就是将审美的非功利达到审美的功利目的。这个逻辑正是《全日制义务教育美术课程标准（实验稿）》从“提高审美意识和审美能力”延进到“增强对大自然

①钱锺书. 谈艺录（上册）[M]. 北京：生活 · 读书 · 新知三联书店，2001：279.

②同上，第280页.

③[日]铃木大拙，[美]佛洛姆. 禅与心理分析[M]. 孟祥森，译. 北京：中国民间文艺出版社出版，1986：41.

④朱光潜. 朱光潜全集（第二卷）[M]. 合肥：安徽教育出版社，1987：6.

和人类社会的热爱及责任感，发展创造美好生活的愿望与能力”，[①]也是《普通高中美术课程标准（实验稿）》中在“帮助学生实现陶冶审美情操，提高生活品质的价值”的同时“形成有益于个人和社会的情感、态度和价值观”。

朱光潜将道德分为“问理的道德”与“问心的道德”，并认为“问心的道德胜于问理的道德，所以情感的生活胜于理智的生活”。[②]中国传统审美的特征即是情与理的结合，纯粹审美的心灵价值就是其无功利性之外的“功利”。中国传统审美意象的“意”是从自己的内心获得，《首楞严经》言“一切众生，不见身中，独见身外，亦如灯光，居在室外，不能照室。是义必明，将无所惑。同佛了义，得无妄耶”。[③]中国传统审美的意象精神正是在求返深心的观照中形成完整的人生观与宇宙观。徐复观认为，中国文化“有道德、艺术两大擎天支柱”[④]，钱穆指出：“中国人之大智，则莫大于其能为人生制礼乐”[⑤]，因此“中国人生乃一礼乐之人生，亦可谓一文学人生，亦即一艺术人生”[⑥]。将道德与艺术归结美育，以道德人生为旨归，以艺术情感为途径，正是两者的融合（表4-1）。

---

①中华人民共和国教育部. 全日制义务教育美术课程标准（实验稿）[M]. 北京：人民教育出版社，2001：1.

②朱光潜. 朱光潜全集（第一卷）[M]. 合肥：安徽教育出版社，1987：46.

③般剌密帝. 首楞严经[M]. 惟则辑注. 哈尔滨：黑龙江人民出版社，1993：9.

④徐复观认为道德艺术科学室人类文化中的三大支柱，而中国传统科学一向未得顺利发展。见徐复观：《中国艺术精神》，华东师范大学出版社2001年版第2页。

⑤钱穆. 艺术的特质[J]//潘立勇. 宋明理学的人格美育思想及其现代意义. 文艺研究，2004(1)：64.

⑥同上，第64页.

表4-1　中国传统审美意象在美术教育中的价值

<table>
<tr><th rowspan="2">审美意象内容表现特征</th><th rowspan="2">价值取向</th><th rowspan="2">价值中心</th><th rowspan="2">体验特征</th><th rowspan="2">题材及其表现</th><th colspan="2">教育价值</th><th rowspan="2">价值目标</th></tr>
<tr><th>价值综合</th><th>价值分解</th></tr>
<tr><td>有我的象征</td><td>伦理道德</td><td>儒，知行合一。</td><td>敬</td><td>人物、花鸟多为“意象比譬”与“显喻”；山水多为“隐喻”。</td><td>综合人格美育</td><td rowspan="3">以情感价值为核心，兼及创造价值、智力价值、技术价值。</td><td rowspan="3">形成健康的审美情趣和审美观念；养成对美术终生爱好的感情；热爱祖国优秀文化。
激发创造精神，发展美术实践能力，形成基本的美术素养，陶冶高尚的审美情操，完善人格。</td></tr>
<tr><td>心与境的诗意交融</td><td>艺术</td><td>道（佛道儒的融合），情景合一。</td><td>游（赏）</td><td>山水、花鸟为主，人物一般不作为主体呈现。</td><td rowspan="2">心灵美育（心灵感悟的情操陶冶）</td></tr>
<tr><td>无我的观照</td><td>哲学</td><td>佛禅，天人合一。</td><td>（体）悟</td><td>山水为主、花鸟次之，人物多为道释象征，或者不作主体呈现。</td></tr>
</table>

三、三者美术教育价值体系的比较

以上主要对中国传统审美意象的美术教育价值做了分析，下面我们将这个价值体系和当今美国比较有影响的艾斯纳（E.W.Eisner）所总结的美术教育价值体系以及中国比较有影响的尹少淳的美术教育价值体系做一个比较。

艾斯纳将美术教育的价值分为工具主义（也有翻译作“实用主义”）价值与本质主义价值[①]。大致如下：

①实用主义者的理由首先通过确定儿童、社区和国家的需要来强调美术教育的作用。美术教育被看作满足这些教育的手段，也不管这些需要与美术有无直接关系。本质主义者通过分析艺术的特点来强调美术教育在学校中的地位，同时指出美术的贡献将是无可替代的，而且不应该曲其尊为别的目的服务。见艾斯纳：《儿童的知觉与视觉的发展》，湖南美术出版社1994年版第10页。

工具价值：

1.发展娱乐和兴趣，充实人的业余生活。2.艺术治疗。3.培养创造力，促进创造思维的发展。4.以美术帮助学生形成观念，发展学生的学科思维能力。5.从生理学考虑，可以协调发展儿童的肌肉。

本质价值：

1.美术能发展人的审美感觉。2.美术能培养人的感受性或感觉力。3.美术有助于人发现事物的特殊性。4.美术能帮助人们批评社会，并以隐喻的方式传达某种价值观。5.美术能将人们带入梦幻和潜意识境界，从而使心灵最隐秘处的思想和情感得以敞开。6.美术能使我们注意经验中琐碎的方面，从中发现新的价值。7.美术以极强烈的情感力量，培养人与人的亲善关系。此外，它不仅开启了人们难以名状的层面，而且拓展了人的意识。①

尹少淳的美术教育价值体系的分类如下：

情感价值系统：审美教育；生命情感的陶冶；丰满人性；宣泄与治疗。

智力价值系统：感知觉训练；信息交流与知识获取；思维和记忆的促益。

技术价值系统：技术程序意识；再现性技术；表现性技术。

创造价值系统：超越于求新意识；多维模式；提供创造的技能。②

如果对中国传统审美意象美术教育的价值进行现代分解，我们可以获得以下几点：

综合人格美育分解：

志于道：以理想培养为出发点；据于德：以道德训练为内在要求；依于仁：美术教育贯彻“爱”的主题；游于艺：以艺术独特语言参与创造。

心灵美育分解：

以纯粹审美为出发点，陶冶情操；净化心灵；理解自我，并及于理解宇宙人生；通过悟的训练，培养人的直觉理解力。

①刘丰容. 艾斯纳教育思想研究 [M] //尹少淳. 美术及其教育. 长沙：湖南美术出版社, 1995: 122.

②尹少淳. 美术及其教育 [M]. 长沙：湖南美术出版社, 1995：119-174.

通过比较我们可以发现这三个价值体系有两处相同点：第一，这三种划分其实都有内在价值的统一性，比如，中国传统审美意象的美术教育价值与艾斯纳“以美术帮助学生形成观念，发展学生的学科思维能力”“美术以极强烈的情感力量，培养人与人的亲善关系。此外，它不仅开启了人们难以名状的层面，而且拓展了人的意识”这两条基本一致。而与尹少淳的情感教育价值保持了一致。而“游于艺”“藏焉，修焉，息焉，游焉”其实也包含了艾斯纳的工具主义的内容以及尹少淳的技术、智力、创造价值系统。

第二，这三者在美术教育中，都强调价值中美术的主体性。艾斯纳明确提出，美术教育的工具价值“并不能为美术教育的存在提供实实在在的理由……美术教育最高的价值在于它为每个人经历并且认识世界所做的独特贡献。视觉艺术涉及了人类意识中其他任何学科都无法涉及的一方面，即对于美学形象的美学思考”[①]。与艾斯纳一致，尹少淳也强调美术中形的重要性：“‘形’是美术的根本内容和主要手段。”[②]并且提出在高中阶段的美术教育要“适度向美术本体回归”，他解释说：“一提到学科本体，有人就会感到警觉，认为这是落后的课程观念的表现，尤其是见到普通高中美术课程标准的系列和模块采用的均是学科的名称，就敏感地认为普通高中美术课程过于专业化。其实不然。”[③]对于美术教育受泛化艺术教育的影响，尹少淳强调“对美术教育来说，美术本体构成了其核心和基础，没有美术，美术教育不足存矣”。虽然对美术教育本体的强调，但是尹少淳并没有提出对美术教育工具价值的批判，而是将他们与各个学龄阶段结合起来，这有其美术教育发展的背景因素，也可见我国美术教育在融合中西方教育价值体系时，立足我国传统与现状的理性态度。对于情感价值的重视、对美术本体价值的强调，也体现了中国传统美术教育价值观的潜在影响。在第三章中叙述到由于中国传统精英美术传达的内容、价值要求趋于相对统一，中国艺术发生玩味的空

---

①[美]艾斯纳. 儿童的知觉与视觉的发展[M]. 张丹，刘海英，孙宏等，译. 长沙：湖南美术出版社，1994：11.

②尹少淳. 美术及其教育[M]. 长沙：湖南美术出版社，1995：188.

③尹少淳. 美术教育：在理想与现实中徜徉[M]. 北京：高等教育出版社，2005：85.

间则倾向于笔墨形式所传达的意象形式，因此，即便中国传统审美意象有脱离绘画而以意的传达为中心的传统，但是依然是以笔墨为表现手法，以似与不似为形象标准，其美术教育的价值也就不会偏离美术本体。

在以上比较中，可以明确，由于美术随着其他学科发展的介入以及美术自身的发展，艺术的价值趋向多元，其价值体系也在不断地多元拓展。美术教育价值分化的背后是整个现代工业化社会分工不断加剧的结果，虽然从整体上看，艾斯纳的美术教育价值总结基本可以涵盖在情感、智力、技术和创造价值体系之内，价值结构也从各个层面显示出其整体性。但是，实际的运用、教学中，经常不可避免地在各个层面发生孤立与割裂。研究中的孤军深入经常导致教学实践的偏差，这种偏差在今天我国的美术教学现状中呈现得非常明显（参见实践部分问卷分析）。尽管有美育综合人格培养的呼吁（如赫伯·里德认为的通过美术完成人格教育的目标），这种偏离都是存在的，并需要在教育中去不断修正。现代美术教育价值体系对细节分化的研究扩充了美术教育价值体系，但是对细节的关注削减了“志于道，据于德，依于仁，游于艺”的逻辑深度与层次区分。中国传统美术教育价值的严密逻辑层次提醒我们，在美术教育中对爱的呼唤，对多元生机的理解、融合以及对人与自然的和谐相处是美术教育的重要努力方向与归宿。

第二节　中国传统审美意象的文化形成

一、中国传统审美意象的文化形成——艺术生活化，生活艺术化

在本书第二章分析了美术中意象形式因素在其他艺术门类中的体现，中国传统审美意象在各艺术门类中的内容以及表现上具有“意象关系”的一致性，这与它们之间形成的文化生成有着不可分的关系。理解这个关系，对中国传统审美意象在美术教育中的传达有着重要意义。

第三章已经说到，中国传统精英文化中的美术并非是职业画家来完成，他们的作品包含了很多绘画以外精神价值的规定性，也产生了中国传统审美和哲学的直接相关性。继续以第二章所举的徐渭为例。徐渭诗书画的完美呈

现兹不再叙，徐渭的才华是多方面的。虽然徐渭“屡试辄蹶”，但书画文章早有盛名，后为抗倭名将胡宗宪招为幕僚。徐渭在军事上“好奇计，谈兵多中”。除此之外，他撰《南词叙录》，在戏曲史上完成了第一部对南戏的整理，并著有杂剧集《四声猿》。[①]

这种身份在古代不是特例，文人画家的前提是业余画家，其身份是士人，他们不仅仅将自己的人生理解传达到绘画中，而且将这种意象的理念传达到他们所接触、创造的一切艺术中，如书法、绘画、戏曲、建筑等。如提出中国画透视“以大观小”的沈括，对美术多有叙议[②]，政治上他是王安石变法的重要干将，官至三司使，是著名的政治家与科学家[③]；书画文章冠绝一时的翰林院待诏文徵明也是苏州拙政园的设计者[④]；园林设计大师计成本人即是有名的画家[⑤]。在戏剧上除了徐渭，文人画大师倪瓒也是中国昆曲的始创人员[⑥]之一，明朝嘉靖年间的魏良辅《南词引证》载：“元朝有顾坚者，虽离昆山三十里，居千墩，精于南词，善作古赋”，“与杨铁笛，顾阿瑛、倪云镇为友，自号风月散人....善发南曲之奥，故国初有‘昆山腔’之称”。[⑦]这段记载说的是元末聚集在昆山巨富诗人顾仲瑛的玉山草堂的一个文人集团——包括当时有名的文人杨铁笛（维祯）、画家倪云镇（云林）和词家、音乐家顾坚以及柯九思、张渥、郯韶、黄公望、赵元、熊梦祥等[⑧]。这些文人即是当时各个行当的艺术精英，他们的交游打破了艺术门类的隔阂，可谓人

①徐渭.徐渭集[M].北京：中华书局，1983.

②胡道静.梦溪笔谈校证[M].上海：上海人民出版社，2011.

③广东、广西、河南、湖南辞源修订组，商务印书馆编辑部.辞源（下册修订本）[M].北京：商务印书馆，2006：1729.

④广东、广西、河南、湖南辞源修订组，商务印书馆编辑部.辞源（上册修订本）[M].北京：商务印书馆，2006：1240.

⑤计成在《园冶·自序》中说自己：“不佞少以绘名，性好搜奇，最喜关仝、荆浩笔意，每宗之。”见计成：《园冶图说》，山东画报出版社2003年版第25页。

⑥“吾昆山顾瑛、无锡倪元镇，俱以琦卓之资，更抉才藻，风流豪赏，为东南之冠，而杨廉夫实主斯盟。”见王世贞：《艺苑卮言》（卷六），凤凰出版社2009年版和丁福保：《历代诗话续编》，中华书局1983年版第1040页。

⑦魏良辅.南词引证[M]//吴新雷.中国戏曲史论.南京：江苏教育出版社，1996：279.

⑧顾瑛.玉山名胜集[M].北京：中华书局，2010.

人都是艺术家，至少也是高水准的鉴赏家。

中国传统文人在“济世”之外，也造就了中国古典艺术，这些艺术要么以“志道”为理想，要么趋向“游心妙悟”，这两者经常融合起来，但更多地倾向游心妙悟的方向上去了。这些艺术门类之间相互联系、促进，最终实现艺术的人生化、人生的艺术化，也整体上造就了中国艺术的一致特点——“意象性”。

二、“闲”——中国传统审美意象对今天生活的启示

（一）工业社会现代性的隐忧

中国传统士人“艺术人生”的生活态度让我们反思今天的艺术之间、艺术与社会之间的关系。现代教育开始，人类文明得到最普及的传播，但是艺术之间、艺术与人文之间的割裂也产生了。其背景是农业社会被工业社会逐渐取代，工业社会的矛盾不断暴露的现象之一。

《中国大百科全书》对工业社会（industrial society）的解释：

“以工业生产为经济主导成分的社会，是继农业社会或传统社会之后的社会发展阶段。有时又称现代社会。一般认为，工业社会具有以下特征：1.以大机器的使用和无生命能源的消耗为核心的专业化社会大生产占据了社会经济的主导地位。2.科学技术高度发达，生产效率全面提高。3.社会分化剧烈，社会分工精细。4.社会流动性增强，业缘关系取代了血缘和地缘关系而成为人们社会关系的主要形式，个人发展的机会和自主程度增多。5.法治取代人治成为政治系统运行的基本方式，社会的民主化程度提高。6.城市数量增加、规模加大，农业人口的比重降低至半数以下。7.交通运输工具和通讯联络手段高度发达，个人、群体、组织、区域、国家日趋开放。8.人的思想观念充分更新，竞争意识和时间观念加强，崇尚科学、信服真理、追求变革成为人们基本的行为或价值取向。工业社会是在农业社会长久积累的物质和精神财富的基础之上演变而来的，更是对农业社会的超越，然而，工业社会中人与自然的关系由顺应而至掠夺，导致了生态环境的恶化；城市化的极度发展压缩了人们的生存空间；高节奏、强竞争的生活加重了人的心理负担和

生理不适；人际交往中的事本主义导致了人与人之间的隔膜。”①

对“现代性”工业文明带来的一系列社会变革的解读与批评著述甚多，如查尔斯·泰勒（Charles Taylor）在《现代性之隐忧》一书中提出现代性的三个隐忧似具有总结性：一是个人主义，它导致生活意义的丧失、社会平庸化、狭隘化以及道德的退化；二是工具理性主义的主导性：“应该由其他标准来确定的事情，却要按照效益或‘代价一利益’分析来决定”，这加深了社会的平庸化与狭隘化；三是在高度集权化、政治化的世界里自由的丧失。②这也正如海德格尔（Martin Heidegger，1889年—1976年）所言，人们生活中的空间距离因科技发展不断变近，而人与事物之间的“切近”却丧失了。③面对现代性症候，今天人们往往在历史与传统中去寻找自我慰藉与修复的途径，“唯有作为终有一死者的人才栖居着通达作为世界的世界。唯从世界中结合自身者，终成一物”④。而中国传统艺术中的审美精神意象可以让我们的精神在喧嚣与孤寂中体味它精深情致的生活品味——“闲”。

（二）“闲”

当代生活离不了一个“忙”，中国传统文人的生活中似乎充满了闲情逸致，中国古代文人尤其钟情于“闲”字，诗文中随处可见：

众鸟高飞尽，孤云独去闲。相看两不厌，只有敬亭山！（李白）

一琴几上闲，数竹窗外碧。帘户寂无人，春风自吹入。

因过竹院逢僧话，又得浮生半日闲。（李涉）

何夜无月？何处无竹柏？但少闲人如吾两人者耳。（苏轼）

徐渭在《南词叙录》中言：“惟南戏无人选集，亦无表其名目者，予尝惜之。客闽多病，咄咄无可与语，遂录诸戏文名，附以鄙见。岂曰成书，聊

①中国大百科全书总编委会，中国大百科全书编辑部. 中国大百科全书精华本（第二卷）[M]. 北京：中国大百科全书出版社，2002：1258.

②[加] 泰勒. 现代性之隐优 [M]. 程炼，译. 北京：中央编译出版社，2001：1-15.

③[德] 海德格尔. 物 [M] //孙周兴. 海德格尔选集 (下). 上海：上海三联书店，1996：1064-1183.

④同上，第1183页.

以消永日，忘歊蒸而已。"[①]徐渭对南戏的整理所耗时间心力，自然不只是无事可做以渡过酷暑的消遣，而是表达了所做的事情不是兼济天下的事功唯游艺而已，另外一层则是做此事的心理状态——闲适的境界。对于闲的真意，张潮解读："天下有一人知己，可以不恨。能闲世人之所忙者，方能忙世人之所闲。人莫乐于闲，非无所事事之谓也。闲则能读书，闲则能游名胜，闲则能交益友，闲则能饮酒，闲则能著书。天下之乐，孰大于是?"[②]可见，这闲的人生态度，如林语堂所言："必须要有一个恬静的心地和乐天旷达的观念，以及一个能尽情玩赏大自然的胸怀方能享受。"[③]闲是以艺术的心态对待一切事物，而艺术的闲情所寄又不仅仅是消遣。这"游艺"的闲情，看似是对时间的浪费，恰恰是对人生的尊重——闲是大充实。这"游艺"因儒家"志道"理想的约束，又不至于荒耽，乃成纯粹的热爱人生的忙碌。

人生活在时空之中，如果生命是一个过程，过程既是时间之交付，我们对待人生的态度就是对待时间的态度。如果把时间如何度过作为目的，空间则是途径。人生存的"空间"乃是为"时间"服务。"以消永日"的"闲"就是对待时间的态度。工业社会人按照时间生活，我们的生命正在被时间化，时间被机械化。相反，从中国传统艺术中体味的人与时间，乃是被人化的时间，时间也因此具有了情意。

以"闲"来对待生活艺术的传统艺术品位与现代艺术有很大的不同。丹托（Arthur C. Danto）在《艺术的终结之后》中谈到现代艺术"从美学走向艺术批评"的转向，他认为这个转向不再仅仅是对美的意义做出反应，而是"当人们进行艺术批评时，一切都能够用语言表达。把一切转换成语言就是艺术批评的所作所为"[④]。而中国传统审美意象中，艺术不依赖解读，主要依赖欣赏者对艺术的优雅体验。对于过度的阐释，苏珊·桑格塔（Susan

---

①徐渭. 南词叙录 [C] //中国戏曲研究院. 中国古典戏曲论著集成（第三册）. 北京：中国戏剧出版社，1959：239.

②张潮. 幽梦影 [M] //陈继儒. 小窗幽记（外二种）. 罗立刚，校注. 上海：上海古籍出版社，2000：177.

③林语堂. 生活的艺术 [M]. 越裔汉，译. 西安：陕西师范大学出版社，2003：124.

④ [美] 阿瑟·C. 丹托. 艺术的终结之后 [M]. 王春辰，译. 南京：凤凰出版传媒集团，2007：107.

Sontag）说："在某些文化语境中，阐释是一种解放行为。它是改写和重估死去的过去的一种手段，是从死去的过去逃脱的一种手段。"[①]但是，在另一些文化语境中，智力阐释往往让我们脱离了艺术本身，阐释把艺术本身变成了一个"意义"的世界，所以她认为"阐释是智力对艺术的报复"。而今天，很多的艺术评论家把艺术转化为意义作为己任，"将艺术同化于思想，或者（更糟）将艺术同化于文化"[②]。当中国传统将体悟作为艺术感受的途径，人在与事物交流时消除了隔阂，也即获得了海德格尔所说的"切近"。

中国传统艺术与生活的"闲"是用丰富的心灵深爱人生，是人与人的和谐、人与自然的和谐、人与心灵的和谐。古人自有忙碌之处，只是处于现代忙碌生活中的人不知如何对应这忙碌，中国传统艺术的悠闲格调无疑为我们打开一扇通往桃源之门，对于现代人生活心灵的慰藉具有终生的意义。

三、中国传统审美意象的文化形成在美术教育传达中的启示

（一）启示之一——美术教育与人文建构

现代分科教育体系专业化区分加强，其联合整体性必然削弱，文化联系的有机性也被破坏。在美术教育中，首先是美术学科之间的联系被破坏；其次是美术与其他艺术之间的联系被破坏；再次是美术与文化之间的联系被破坏。这个现状在《普通高中美术课程标准解读（实验）》中有明确的描述："正是基于一种极端的功利主义的认识，传统的人文学科的价值逐渐为人们所忽略。不仅如此，人文学科与科学学科在高等教育体系中还遭到人为的隔离，学习科学的学生仅限于科学，学习人文的学生仅限于人文，导致的结果是学习自然科学的人缺乏人文认识，学习人文科学的人不懂科学知识，人的精神和知识出现了严重的偏差（尹少淳）。"[③]因此，《全日制义务教育美术课程标准（实验稿）》与《普通高中美术课程标准（实验稿）》均明确提出美

---

①[美]苏珊·桑塔格. 反对阐释[M]. 程巍，译. 上海：上海译文出版社，2003：9.

②同上，第3-17页.

③美术课程标准研制组. 普通高中美术课程标准（实验）解读[M]. 南京：江苏教育出版社，2004：24.

术课程的“人文”性质。[①]对于美术教育本体与文化的关联以及美术课程的人文性质，此书描述道：“它将使我们改变一种根深蒂固的观念——美术教育只是技能的学习和训练，从而帮助学生通过美术的学习更好地汲取不同时代美术作品所蕴含的人文精神。美术的知识和技能只是一种方法、媒介，它必须与人的精神世界发生关联，才可能更大程度地获得教育功能（尹少淳）。”[②]那么，美术又是怎样才能获得与人文的关联呢？尹少淳提出“美术课程走进文化必须是在形象观察、阐释、解读和文化感悟、理解的两级之间展开的，以交互的方式进行的”[③]。这句话的背后其实包含着建构主义思维方式在美术教育实践中的理解。

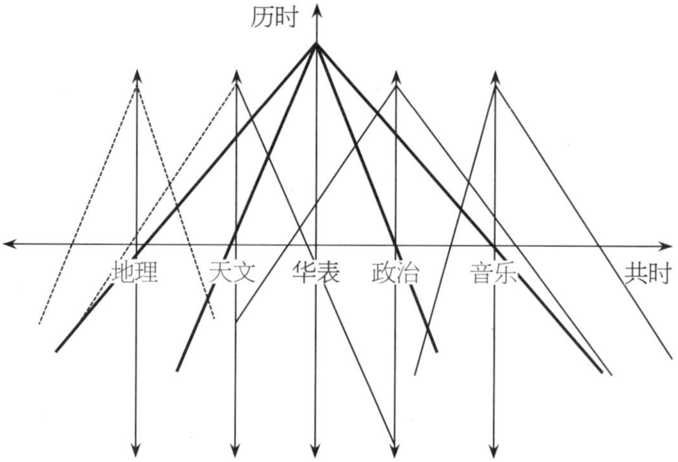

图4-1　华表的解读

对于建构主义在教育中的理解前提是：“社会现实是由参与社会的个人构建而成的，该认识论认为，现实的‘构建’表现为阐释的形式。也就是

①中华人民共和国教育部. 全日制义务教育美术课程标准（实验稿）[M]. 北京：人民教育出版社，2001：1.

②美术课程标准研制组. 普通高中美术课程标准（实验）解读[M]. 南京：江苏教育出版社，2004：26.

③尹少淳. 走进文化的美术课程[M]. 重庆：西南师范大学出版社，2005：57.

说，人们赋予社会环境的意思构建了现实。”[①]这里以一个课堂讲解“华表”的例子来说明。

华表的来源有很多种解释：一种是指路排；一种说是“谤木”，是古代题写对国家意见的器具；一种说是古代天文工具，在建筑施工时看太阳的影子以测定时间；还有一种说是古代有采集民意的官员，带一种乐器，叫木铎，形状如华表[②]。如果将华表的来源合一，则可以如图4-1所示：

从上图可以看到，在今天看来只是包含建筑设计装饰象征功能的物件，顺着历时上溯，它关联着地理（指路）、天文（标识时间）、政治（谏政）以及音乐（木铎）。华表可以从历时与共时的维度上联系一个广泛的社会空间。世界可以被理解成历史与现实、时间与空间的组合。现以华表作为主体，如果把主体换成天文或政治呢？它们也将从今天的视野中不断建构，这就变成了一个多主体的世界。甚至，我们可以在这个历时中任意选一个点，就可以联系整个世界。这里包含的观念脱离了传统的中心认识论、因果认识论，转变成了事物间关系的建构。

将美术运用建构的思维联系其他学科，而其他学科也运用美术来完成自己的学科理解，美术本身就面临着不断的融合与超越。在美术教育中，教师在美术的学习之外，需要发挥主动性，将学生其他门类的学习经验结合起来，将会获得更佳的教学效果，而不断拓展学生的视野与知识面，也会加深学生对美术的认识。如果没有老师的引导，学生自己建构知识的框架是比较艰难的。

艺术与人文的统一本应该是一个常识，艺术是人文的体现，成就一个完整的思维。人文里缺乏艺术，人文则是单维的，单维的人文无法将历史与世界交融。我们的生活不仅因为没有艺术而了无意趣，也因没有艺术的思维而缺失机锋。但是现代教育的方式形成天然的隔离因而与常识背离，只有人文中的艺术成为常识，而艺术中的人文出乎自然的关切，才是应该的常态。中

① [美] 梅雷迪斯 · D. 高尔，沃尔特 · R. 博格，乔伊斯 · P. 高尔. 教育研究方法导论 [M]. 许庆豫，译. 南京：江苏教育出版社，2002.

②李朝. 民族公祭建筑艺术赜谈——以华表功能的演化为例 [J]. 华中建筑，2006(9)：131-133. 王守栋. 华表渊源考 [J]. 文物春秋，2006（5）：29-33.

国传统文人艺术完整地体现出人文的融合，“诗、书、画、印”的结合是人文融合的样式体现，人文是意象之“意”，而所见的形象即是所托之“象”。这种融合的形成既给我们启示，同时也是绝佳的示范。

（二）启示之二——美术教育“情境还原”的综合传达

如果将美术教育放到更宽的艺术背景下，艺术与人文的结合则如滕守尧所言，是一种“联通”。滕守尧在《回归生态的艺术教育》中也描述了当代艺术的割裂与人文的缺失：“在当今社会，不能辨别真假好坏的艺术，甚至不能把握和欣赏各种经典艺术的人，不仅是那些无文化素养的农民，还包括许多有知识的博士、硕士和学士。”“对艺术的创造、接受和欣赏，是一种高级的文化素质。而获取这种素质的重要捷径，就是健康的艺术教育。健康的艺术教育不单是一种技法的教育，更是一种更全面的文化素质的教育。这样的教育将在下一个世纪对整个世界起着举足轻重的作用。”[①]因此，滕守尧提出艺术之间需要联通情感、联通课程。[②]在他看来，艺术与人文的结合是一种“联通”。古代中国传统文人的艺术形式、内容与价值就是“联通”的最佳范例，是“意”与“象”的联通，是艺术之间的联通，是人与社会、自然的联通。如果在教学中，可以通过“情境还原”到传统艺术的整体氛围中，学生对中国传统审美意象的理解与学习就会更直接。在具体教学中当然无法做到情境再现，但是可以通过教师引导，通过其他相关门类的艺术体验或学习来理解美术中的中国传统审美意蕴。在教学中可以通过古典诗词、音乐、书法等来营造理解的氛围，建立多重的沟通途径。这正同《全日制义务教育美术课程标准（实验稿）》中提出的“综合·探索”领域的要求相吻合。

在今天教学分科的现实前提下，我们是否能够如愿进行美术与其他学科的整合？“综合·探索”领域，指“采用造型游戏的方式，结合语文、音乐等课程内容，进行美术创作、表演和展示，并发表自己的创作意图”。[③]上文对中国传统审美意象的文化形成进行了分析，中国传统文人是在综合体验中

①滕守尧.回归生态的艺术教育[M].南京：南京出版社，2008：7.

②同上，第7页.

③中华人民共和国教育部.全日制义务教育美术课程标准（实验稿）[M].北京：人民教育出版社，2001：1.

完成审美的体验与创造，因此，要对中国传统审美意象的精神进行传达，我们就需要先理解中国传统审美意象的生成，然后进行情境的还原，在各类艺术的沟通与理解中去体味中国传统文化的精髓与价值。同时，中国传统审美意象的形成也可以帮助我们理解“综合·探索”中可能存在的问题。

第一，中国传统审美意象整体一致的审美意象特征提醒我们，在“综合·探索”中需要确立具体的传达价值目标。综合探索涉及多门类学科，如果缺乏价值传达目标，“综合·探索”则可能会涣散而无所得。

第二，中国传统审美意象在古人进行交流、创作的过程中具有延续性、一贯性，这提醒我们，“综合·探索”需要具有一定的单元意识与延续性。在教学中，美术课程并非只是传达传统美术，因此，在教学中需要安排好课程的设计，防止因教学目标无法获得强化而无所得。

第三，中国传统审美意象的交流需要教师的主动“联通”。学生在学习的过程中，所有的科目都进行了学习，但并不能主动进行联通。因此，教师的引导至关重要，如果教师自身无法实现对联通的知识建构的理解，那么，联通的可能性就很小了。在《全日制义务教育美术课程标准解读（实验稿）》中，有对学生“主动研讨和探究的要求”。①教师的引导更需要 “联通”水平的提高，才能够把握课程的方向。

第四，中国传统审美意象在美术中的传达要向美术本体回归。在“综合·探索”学习中，如果一味强调联通，而抛弃对一门技艺深入的研习，联通的结果只能是表面的丰富。中国古代文人首先具备深厚的文化学养以及对书法的精通，因此，在学习其他艺术门类时候能够融会贯通。即便如此，他们也并不是人人都能够进行任何一门艺术的创作，但对于任何一门关心的艺术，他们无疑都是很好的鉴赏家。因此，以美术教育传达为核心的审美意象传达，在“情境还原”的综合中体验，最终需要回到美术本体，才可能真正实现传达的目标。

---

①美术课程标准研制组. 全日制义务教育美术课程标准（实验稿）解读[M]. 北京：北京师范大学出版社，2002：148.

第三节 中国传统审美意象的教育反思

一 、传统相对于现代，只能是一种借鉴

上文中提到现代社会和传统社会的区别，现代社会的发展不会以回到传统为目标，因此，我们对传统的理解吸收就需要立足当下，教育研究都是指向解决现在和未来的问题，因此，不管对传统、历史怎么理解，它们都是处于时间的客体，而无论我们的理解多么不清晰，我们都处在时间的主体。工业现代文明已经是一种常态文明，将传统社会中的价值用以修正现代社会的矛盾不可能脱离现代的框架，因此，在宣扬中国传统审美意象时，需要看见传统中存在的危机，以免良莠不分，在传统中迷失。

传统的社会体制、生活习惯、状态具有一致性。其艺术与人生的融合也只有在传统社会中才可以形成，但是，艺术人生化所形成的品位、高度以及文化内容，都与现代人的情感、态度价值观形成对照。现代社会也必然会形成现代社会的艺术，它也有自己的价值空间与表达方式，但中国传统意象审美中的尊敬、悠闲、反省等品质正可以缓解现代性带来的种种弊端。传统与现代可以协调互补，但传统相对于现代，只能是一种借鉴。

二、 中国传统审美意象观看之道与它的悖论

如果把中国传统精英美术纳入中国视觉文化的系统，中国传统精英美术的视觉有着一个循序渐进的观看过程。第一层是直观的观看，如“观之不足由他缱，便赏遍了十二亭台是枉然，倒不如兴尽回家闲过遣”（《牡丹亭》）；第二层是体味的观看，这里融入了人的自我反思，但是反思依然回归到直观的观看，比第一层深，又有第一层的欢喜。如：“那秀才自于潜到临安去，一路上的景致，山是真山，水是真水，他看之不足，观之有余。”（转引自胡兰成《今生今世》）；第三层则是哲学的观看：“致虚极，守静笃；万物并作，吾以观复”（《老子》），即保持虚静之心，看万物的生长，我们在观看中可以看到事物的本初，看见事物的道理。这三层观看是一以贯之，提供了观看的理路。但是这种哲学的观照经常越过了“志于道，据于

德，依于仁，游于艺”的人格标准，而将人直接带到现实的对立面，因此就有转化成消极人生观的一面。

余英时认为，中国的士人有类似于倡优的性格（倡优可以讥刺而不获罪），常常有狂狷之士，通过极端的方式表达对政治、世界的态度[①]。中国知识分子与倡优的类似不仅是狂狷，他们在艺术的标准与追求上，经常与倡优合一。士人参与艺术是中国艺术达到高水准的重要原因，倡优常常精通文艺，对精英艺术的普及与流传功不可没。士人与倡优在艺术的关系上唯一的区别是身份——倡优为乐籍，没有人身自由。我们从上文引用《礼记·乐记》子夏言论：“‘郑音好滥淫志，宋音燕女溺志，卫音趋数烦志，齐音敖仍辟乔志’此四者，皆淫于色而害于德，是以祭祀弗用也”，可知，“艺”天生就有滑向非道德的沉迷的一面。在古代社会，艺术作为一种游兴之物，对士人更多的价值是提供逃避现实的心灵栖息地。鉴于此，由于学生的心智尚未完全成熟，中国传统审美意象在现代美术教学中首先需要老师的正确引导；其次，教学的题材、内容要有所甄别，使中国传统审美意象得到有效的传达，又可以避免人生态度与价值观的偏离。如何把握这个状态是一个还需要继续探讨的问题。洪应明言：“琴书诗画，达士以之养性灵，而庸夫徒赏其迹象；山川云物，高人以之助学识，而俗子徒玩其光华。可见事物无定品，随人识见以为高下。故读书穷理，要以识趣为先。”[②]大抵如是。

小结：以上四章是对中国传统审美意象在美术中的形式、内容、价值、精神与教育的思考，在美术范围拓展到视觉文化领域，视觉的样式和范围早已经超越以上的所讨论的范畴。当我们在主动驾驭各种视觉的文化信息载体，以求不囿于自己所造之物时，还需要回头整理中国传统视觉文化的源头。可以说，没有中国传统美术，也就没有今天的中国美术教育；没有对中国传统美术的形式、内容以及其生成的深刻理解，中国传统审美意象传达都必然是表面的。

---

①余英时. 士与中国文化[M]. 上海：上海人民出版社，2003：104-114.
②洪应明. 菜根谭[M]. 袁庭栋，校注. 成都：巴蜀书社，1989：19.

伍 [第五章]

一、实践的理论假设与各章节的关系

中国传统文化在美术教育中一直是比较重要的内容，但是美术教学对中国传统审美意象传达总体显得比较零散，而且随着美术教育功能的不断分化，具体教学中，对中国传统审美意象精神的传达也相对薄弱，本研究期望加强中国传统审美意象在美术教育中传达的联系性、有机性以及整体性。如果说实践部分是说明“怎么教”，那么以上几章对中国传统审美意在美术及其教育中的价值分析，则是说明“教什么”。以下是对中国传统审美意象美术教育传达理论部分内容的总体回顾：

第一章说明中国传统审美意象在美术教育教学传达的理论假设的基本构思。在澄清美学上对意象形式划分的矛盾之后，本研究以教育研究为前提，强调其可传达途径，对中国传统审美意象做这样的界定：中国传统审美意象核心是意与象之间的关系阐释，在此前提下分为两个维度，纵向指向中国传统文化中的审美意象，横向指向具体的形象变化（具象、意象、抽象），参见第一章图1-3。

对于“意象”教育传达的解读，是依据意象本身的两个维度，同时也为基础教育的实践提供了一个操作性的基础，在学习的不同阶段：学前（4~7岁）、小学、初中、高中、高等师范美术教育专业，纵轴与横轴有不同的侧重，随着年龄增长，其中横轴（形式层面）逐渐减弱，而纵轴（意识层面）逐渐增强。

在学前阶段，因为认识能力的限制，更多地注意到横轴中的意象含义，即通过意象的形象表达实现美术教育的情感价值、智力价值、技术价值、创造价值[①]等。纵轴中的中国传统人文情感传达处于次要地位。

义务教育阶段，随着学生知识的积累和认知能力的提升，在意象教学的实践层面则可以向纵轴拓展，美术学习形成一个思维转换时期，就培养视觉文化传统而言，面临着从横轴向纵轴的转换。横轴面临着视觉转换（即从意象倾向写实），纵轴的渗透则涉及在其他人文学科知识的综合理解上获得中

①尹少淳.美术及其教育[M].长沙：湖南美术出版社，1995：119-174.

国传统审美体验。

高中阶段学生的知识积累和认知能力已经成熟，这时候，重心向纵轴转移，绘画活动除非是特别的爱好，通过纯粹的思考和观看成为大多数业余者获得对艺术欣赏需求的主要途径。此时，其他人文学科知识也可以成为美术中中国传统审美解读的知识铺垫。同时，美术的认识功能也为其他学科提供了互相增进的可能。

进入高校阶段，在非美术专业，这种纵轴的功能依然以重要的认知需求取代了横轴的价值，中国传统审美意象完全可以成为个人认知的一个重要部分。而美术专业中对于中国传统审美意象传达的研究就成为美术本体研究的范围。在师范美术教育专业则需要体现美术教育中美术与教育的结合，为培养美术教师和美术教育研究人员服务。

第二章说明中国传统审美意象在美术中形式与意象的关系。对形式的理解是进行美术教育中国传统审美意象教育传达的基础，一切意蕴都必须通过形来表现，这是属于意象中“象”的层面分析。

第三章说明中国传统审美意象在美术中的内容与意象的关系。形式承载的内容是美术教育进行中国传统审美意象教育传达的核心，没有这个“意”的内容含义，美术教育传达的价值就无从着落。

第四章说明中国传统审美意象在美术教育中的价值。价值建立在内容意义上，价值又为内容意义的传达确立形而上的指向，中国传统审美意象在美术教育中的人格美育与心灵美育价值既是教育传达的目标所在。

总览以上章节可以简单总结出对中国传统审美意象在教育传达中的内容、价值与途径：中国传统精英美术是中国传统审美意象的重要载体，它以形式语言体现了中华传统文化中“儒道释”的合一，表达了中国传统文人对超越现实生活的向往，因此具有人格美育与心灵美育的双重价值，尤其对现代生活方式的“现代隐忧”具有心灵回归的意义。在美术教育中，可以在意象美术基础上，按照不同的年龄段，不断在美术教育传达中渗透中国传统文化内涵，实现中国传统审美意象的价值，同时，通过美术教育建立中国传统意象审美的视觉文化体系。

二、中国传统审美意象的美术教育传达基本模式

中国传统审美意象的美术教育传达主要涉及一般人文知识的学习、美术理论的学习、美术技法的学习以及相关艺术门类的体验几个范畴，其目的是获得对中国传统审美意象的体验与表达，从而实现人格与心灵美育的目的，在各个阶段的方法与侧重有所不同（尤其以学前阶段比较特殊）。（图5-1）

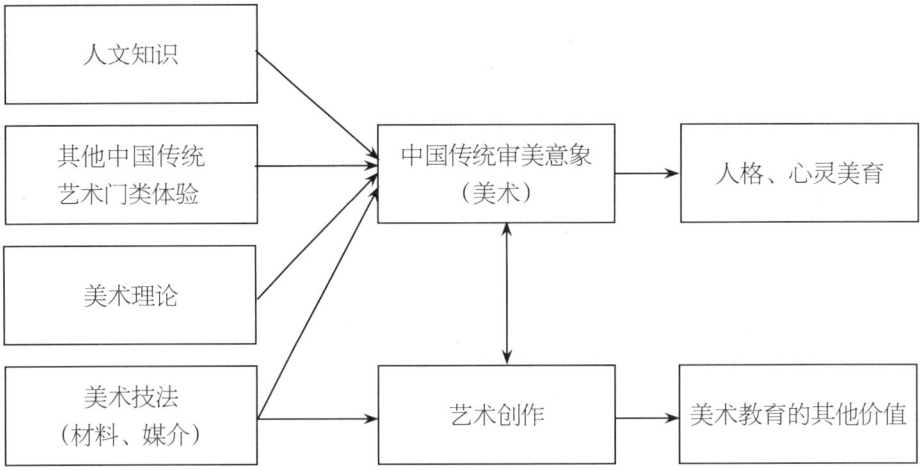

图5-1 中国传统审美意象美术教育传达基本模式

三、实践部分研究设计

以上为总体的理论假设与传达模式，涉及到各个阶段的实践研究，可以按照以下的设计来进行（表5-1）：

表 5-1 中国传统审美意象美术教育传达实践研究设计

学段	教学目标	教学内容	教学建议
学前（4~7岁）	在促进儿童认知发展的前提下，通过对中国传统审美意象内容的接触，积累中国传统文化的审美经验，形成对中国传统文化的兴趣。	以广义的意象美术教育为主体，适当引入中国传统审美相关的教学内容。	创设中国传统审美教学情境，重视欣赏在学前儿童美术教育传达中国传统审美意象的作用。

续表

义务教育阶段	小学	在广泛的文化情境下，通过对中国传统审美意象美术的欣赏与创作实践，了解中国传统审美意象语言的表达方式和方法，表达自己的情感和思想，积累中国传统审美意象的审美经验。形成基本的中国传统美术素养，陶冶高尚的审美情操，完善人格。	中国传统美术的基本表现方法（造型·表现）；中国传统美术的分类（欣赏·评述）；获得对中国传统审美意象的审美意境的体验与理解（欣赏·评述，综合·探索）。	教学上主要涉及“造型·表现”“欣赏·评述”“综合·探索”三个领域，其中“设计·应用”在小学阶段的形式分析可以成为以上三个领域的基础。尤其要通过“综合·探索”领域，形成中国传统审美意象的教学情境来促进学生对中国传统审美意象的理解。
	初中	在广泛的文化情境下，通过对中国传统审美意象美术的欣赏与创作实践，了解中国传统审美意象语言的表达方式和方法，表达自己的情感和思想。理解中国传统审美意象的精神意蕴。培养中国传统美术素养，陶冶高尚的审美情操，完善人格。	加强中国传统审美意象美术的教学实践（造型·表现）；从语文、历史、地理等人文课程中综合理解、体验中国传统审美意境（欣赏·评述，综合·探索）。	继续通过“造型·表现”“欣赏·评述”“综合·探索”领域的学习，加深学生对中国传统审美意象的学习；同时教师可以重新构建教材，形成单元课程，使中国传统审美意象的教学更具有延续性与体系性。
普通高中		进一步学习中国传统审美意象的美术知识与技能，并能够从精神意蕴层面进行创作；学会分析、评价中国传统美术作品。理解中国传统审美与其他学科之间的联系，并将中国传统美术知识达成对其他人文学科的理解；从中国传统审美中获得精神陶冶与人格塑造，热爱中国传统文化。	中国传统美术鉴赏；中国传统绘画·雕塑；中国传统设计·工艺；书法·篆刻。	中国传统美术鉴赏部分要加强对中国传统审美意象深度的解读；实践部分建议加强某一门类的专门训练；教师重新建构教材，形成中国传统审美意象主题教学单元；加强与其他科目门类之间教学的联系，在培养学生对中国传统美术兴趣基础上，学生可以从被动体验转向主动与探究。

续表

高等师范院校	美术教育专业	熟练掌握中国传统美术知识与技能；具有一定的文化积累；通过对教育学心理学的学习，获得教学与科研的基本能力。	中国传统美术技法与理论；中国传统文化学习（文、史、哲）；中国传统其他艺术门类的体验与学习（文学、音乐、戏曲等）。	加强中国传统文化学习（文、史、哲）是获得中国传统审美意象教学传达能力的关键因素之一；通过其他中国传统艺术，加深对中国传统审美意象的了解；认真学习教育学以及教育心理学等课程，明确作为“美术教师”与“艺术家”的区别。
	通识美术教育（公共选修）	从中国传统审美意象中获得审美体验，培养对中国传统艺术的爱好，陶冶情操，完善人格。	通过中国传统审美意象作品的欣赏，获得中国传统美术的基本知识，了解中国传统审美意象美术的发展脉络与艺术风格，并理解其人文内涵。	横向传达：将美术欣赏纳入中国文化发展的脉络，将艺术的风格形成与社会发展相联系；让艺术本身的魅力打动人，切忌说教的“知识传达”；纵向传达：从形式到内容再到价值观，形成以作品为中心的解读整体；通过其他中国传统艺术门类的欣赏，贯通中国传统审美意象的精神。

四、 研究方法

由于整个研究理论假设涉及的内容覆盖面比较宽，书中的研究只是一个起点。教育研究的介入因素较多，一般教育实验研究的外部影响无关变量控制难度较大，研究的内部效度和外部效度均难以保证，又兼美术教育研究过程比较长，因此，书中在研究方法上主要采用定性研究的方法，具体方法上采用理论研究与调查研究（访谈、问卷、观察等方法）结合的方法，并通过一些教学实践，对研究材料进行定性分析，其中高等师范院校美术教育专业美术教育部分按照前实验研究方法进行。书中在研究细节上还是不够深入精到，仅希望研究结果能够提供一个相对概括的整体描述与教学上可资借鉴的方法。

陆 [第六章]

本章的主要内容是探究中国传统审美意象在学前儿童（4~7岁）教学实践中的问题。学前儿童具有文化理解上的局限，但学前儿童具有造型上年龄特征的“意象”性，结合其局限与优势，可以发掘其潜在的中国传统审美教育传达的价值功能，从美术教育的价值而言，更多的是发挥中国传统意象教育的潜在影响。

第一节 研究综述

一、意象美术、中国传统审美与儿童美术教育

学前阶段美术教育对儿童认知的成长意义重大，也是美术教育研究中的热点，罗恩菲德（Viktor Lowenfeld）认为：“艺术教育，如在儿童早期实行的话，便很可能造就出富有适应力和创造力的人；否则，便可能培养出虽有丰富的学识，但却不晓得如何去运用，以致成为缺乏内涵，而且难以与环境融洽相处的人。由于感性、思考和感觉，在任何创造过程中都同等必要，因而艺术就是平衡儿童的智慧与情感所不可或缺的工具。”[①]实践中也有很多成功的案例证明艺术在儿童教育中的作用，如加德纳（Howard Gardener）的多元智能研究，在儿童智能的鉴别、儿童智能之间的关系以及如何运用某一智能以促进其他智能的发展等诸多方面成绩卓著。[②]艾德华（Betty Ed-wars）开发右脑思维的探究也体现美术教育广泛的应用价值。[③]

但学前儿童美术教育中的不确定因素非常多，做出任何限定都是有风险的。在儿童教育研究中，普遍存在着对儿童潜能充分实现的期望，但谢弗勒（Israel Scheffler）在一项研究中论证了潜能不是一成不变的；潜能之间不完全是积极的影响，也有消极的影响；潜能之间存在冲突；等等。[④]又如人们一般相信儿童要在快乐中成长、游戏中成长，但是蒙台梭利（Maria

---

①[美]罗恩菲德.创造与心智的成长[M].王德育，译.长沙：湖南美术出版社，1993：2.

②[美]霍华德·加德纳.多元智能[M].沈致隆，译.北京：新华出版社，2003.

③[美]贝蒂·艾德华.像艺术家一样思考[M].张索娃，译.哈尔滨：北方文艺出版社，2006.

④[美]伊斯雷尔·谢弗勒.人类的潜能[M].涂元玲，石中英，译.上海：华东师范大学出版社，2006：10-15.

Montessori，1870年—1952年）强调，游戏并不能取代注意力的训练——这一看似平常的专注能力，保持到成年的只是少部分人。[①]因此，在学前儿童教育中涉及中国传统审美意象传达的内容，应该放在尹少淳所言的更广泛的意象美术教育的基础上，以尽可能地促进儿童认知发展为前提。

由于生理、心理发展因素，儿童对形象上的意象美术更感兴趣（在儿童心理上，并不排斥具象表现，只是更喜欢与他画的比较接近的事物）[②]。儿童对于意象美术具有天然的接近，他们喜爱的也是与它们表达比较接近的样式，这些样式无一不是在“似与不似之间”。因此，常锐伦在儿童美术分期上明确提出“意象期”这一阶段。他认为，儿童在约5~7岁为“意象期前期”，此时的儿童已经意识到自己的绘画与表达对象的形似关系，但表达能力上还比较有限；而7~9岁儿童基本已经认定所画的形象能够表达自己的思想，而这也是儿童画的成熟时期。[③]这种划分是很有典型性的,而且在意象审美传达上具有很大的潜在理论价值，并且在儿童以后渐趋规范的教学训练中，对于如何保持儿童对此一发展阶段的自我认识也有重要价值。

将广义的意象教育作为学前儿童美术教育的重心，并不意味中国传统审美意象与学前儿童毫无关联，儿童学前阶段即使不进行主动的中国传统审美传达，也并不对他们以后接受中国传统审美意象教育产生很大抵触。这原因至少有两点：1.中国传统文化思维方式已经融入儿童的“集体无意识”中（参见第一章对集体无意识的解释）。作为民族社会结构的集体无意识形成了人们的心理积淀，儿童成长的环境决定了他们意识上对中国传统文化接受的

---

① [意] 玛利亚·蒙台梭利. 蒙台梭利儿童教育手册 [M]. 肖咏捷，译. 北京：中国发展出版社，2003：215-239.

②皮亚杰引用了吕凯（G. H. Luquet）对儿童绘画的研究，“实际上，绘画的最初形式似乎不是模仿性的，而是带有纯粹游戏的特征，但它是一种练习性的游戏：这就是两岁至两岁半儿童当别人给他一支铅笔时所进行的乱画乱涂。但儿童在他无目的的乱画乱涂中很快就能识出各种形状来。此后不久，他便试图从记忆中描绘出一个模型来，尽管在客观上他所画的图形是多么得不像样。只要这种意图存在的话，绘画便成为模仿和表象了”。我们也可以得出结论，对具象的模仿其实包含在学前儿童的心理中，等到能够获得表现的能力，就自然有具象表现的欲望了。见皮亚杰:《儿童心理学》，商务印书馆1980年版第50页。

③常锐伦，唐斌. 美术学科教育学 [M]. 北京：北京人民美术出版社，2007：210-212.

基本心理因素；2.“大传统”在进行传达的时候与“小传统”互相渗透，其思想已经内化到一个民族的生活行为中，儿童的生活环境决定了他们在生活行为的习得中融入其所在民族的思维意识。这两点是有一致性的。对于文化的天然体认，斯宾格勒（Oswald Spengler，1880年—1936年）阐述说：“像原始人的心灵一样，他（指孩子）在梦一般的感觉连续体中慢慢苏醒……命运观念在每一种生命轨迹中都有体现。只是由于它，我们才成为某一特殊文化的一员，该文化的成员都是通过一种共同的世界感以及由此而来的一种共同的世界形式而联系在一起的。一种深刻的同一性在某一文化的名义下把心灵的觉醒，以及由此而形成的明确的生存，跟他对距离和时间的突然体认和经由它广延的象征而诞生的外部世界，结合在一起。从此以后，这个象征是且永远是那种生命的原始象征，它赋予那生命特殊的风格和历史的形式，使其内在的可能性在其中逐步地得以实现。”①

是否中国传统审美意象就不必对学前儿童传达或无法对之进行传达呢？当然并非如此，如果在儿童学前阶段进行一些主动的、适合中国传统审美意象的美术教育，他们就不仅能具有很好的接受能力，而且会形成对中国传统文化的良好的理解与判断能力，这对他们以后接受、继承中国传统文化都有重要意义。这在下一节将集中叙述。

二、研究方法与相关说明

本章主要采用的研究方法为调查研究的访谈、问卷与观察。在研究中，以保护研究对象为前提，按照本人意愿可以匿名访谈和答卷。

访谈、问卷主要对象：北京市东城区少年宫罗珍老师（获全国校外教育名师、全国教科研优秀教师、全国少儿美术教育精英等称号，获教育部艺术教育委员会、中国美协少儿艺委会颁发的“学术贡献奖”，主持全国教育科学重点规划课题“当代城市儿童美术教育与本土文化的传承”）、北京市东城区少年宫付祎老师、北京市蓝天幼儿园张迪老师、北京市丰台区少年宫兰

① [德] 奥斯瓦尔德·斯宾格勒. 西方的没落（上）[M]. 吴琼，译. 上海：上海三联书店，2006：167.

春雷老师、北京云雀艺术学校傅雯老师、北京亚运村第一幼儿园宋艳花老师、北京金阶梯教育学前班张亚男老师等。

问卷设计：考虑问题回答的多样性以及老师思考的深度，采用全开放式问卷。问卷设置为两级指标。（问卷见附录1）

一级指标：美术教育“中国传统审美意象”在学前教育的传达。

二级指标：1.教师教学认识维度（题项1、2）。题项1是总体认识，题项2是教师对当下学前儿童美术教育现状的认识。

2.教学策略维度（题项3、4）。题项3为对教学现状和教学实施之间的矛盾理解，题项4为具体教学策略范畴。

3.开放性解读维度。希望通过老师对本研究的理解，打开更多的思路（题项5）。

取样年龄分析：将儿童年龄界定在4~7岁符合中国现阶段美术教育儿童教学现状，一般的学前儿童美术教育集中在这一年龄段。也符合儿童美术教育心理的划分。如皮亚杰（Jean Piaget，1896年—1980年）将二三岁至七八岁的阶段称为“前运算阶段”[①]；罗恩菲德将4~7岁称为“样式化前阶段”[②]。这一阶段体现出自我中心的意识，画其所知而非画其所见，并体现出对环境的注意，对画面出现空间排列以及对形象关系的注意。

三、研究分析

通过理论与调查研究结合的方式，做出以下一些定性描述：

对于中国传统审美意象美术教育在学前儿童中传达的重要作用，教师都有比较明确的肯定认识，但是教师自身对传统文化的理解水平以及传统文化与儿童生活的距离是传达上的主要障碍，教师自身对传统文化的理解水平影响传达的内容是否准确，传统文化与儿童生活的距离影响传达的接受是否有效。

尽管对学前儿童美术课程进行有效的中国传统审美意象传达比较困难，

---

① [瑞]皮亚杰等. 儿童心理学[M]. 吴福元，译. 北京：商务印书馆，1980：72.

② [美]罗恩菲德. 创造与心智的成长[M]. 王德育，译. 长沙：湖南美术出版社，1993：108-128.

但是基于文化心理的积淀，生活方式的潜藏理解途径以及儿童视觉经验与情感上对“意象”的接近，还是有很多好的策略以及卓有成效的实践经验可以借鉴。另外，意象美术中的一些形式超越了儿童的已有经验，这种超越有利于拓展儿童的视觉经验，对儿童认知的拓展也具有极高的价值。以下为具体建议：

1.课程内容的选择。课程内容在中国传统文化传达选择上，不应该仅仅拘泥于精英文化，中国传统民间艺术形式丰富多样，意义表达明确，非常适合将其作为课程资源引入儿童美术中国传统文化部分的课程。

2.课程的组织。课程组织上和其他美术课程不同，中国传统文化的教学具有一定的延续性，教学效果会更好。在文化解读和儿童技术学习上，应当更注重文化体验。一般情况下，在其他课程教学中，儿童的技术学习活动占主要课时，但是在中国传统审美意象美术教学中，建议将文化解读与体验的课时延长至40%，否则，对中国传统审美意象的传达就容易导致技术价值大于情感价值的偏差。

3.教学环节。对待学前儿童教学的关键是如何导入。即尽量引起学生的学习兴趣，将学习引入到与他们生活相关的内容中去。导入的方式可以多种多样，可以是讲故事、听歌曲，也可以是一个小小的游戏等。理想的教学效果是创设适宜的中国传统艺术氛围，让儿童有一种身临其境的感觉，在潜移默化中感受“中国传统美术”。

4.欣赏的重要性。与其他教学内容相比，欣赏在对中国传统美术的学习中有着重要的意义。这类欣赏不仅仅是所讲的具体内容，而是将整个传统文化的内涵进行传达，因此，只要“形散神不散”皆可，即使学前儿童不能完全领略其中的涵义，但是对这些中国传统文化的视、听经验积累（也即审美经验积累），可以为以后对中国传统审美意象的理解与体验埋下种子。

第二节 教学实践与教学案例

对学前儿童进行中国传统文化美术教学实践，北京市东城区少年宫具有比较深入的理论与实践研究，这里以罗珍主持的国家课题“当代城市儿童美术教育与本土文化传承”中的经验与案例进行分析。[①]

在该课题的研究中，因为学前儿童没有统一的教学样式与教材，所以，很多研究都经历了从课程资源到课程的转换，并应用于教学实践。整个过程涉及了完整的课程开发程序，对教学与研究有很好的理论与实践价值。但是学前儿童美术的自由性必然降低了课程之间的关联性，这也是校外美术教育比较难于克服的问题。其主要的研究模式如图6-1：

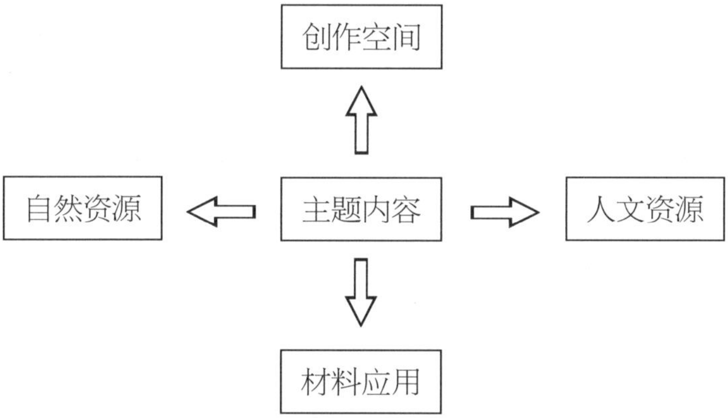

图6-1 “当代城市儿童美术教育与本土文化传承”
主题教学课程设置模式图

以下以“当代城市儿童美术教育与本土文化传承”子课题山东淄博少儿美术中心设计的“祈祷幸福中国节”为具体示例（图6-2）：

课程设计思路：以中国传统节日文化作为发掘的对象，以美术学科为本体设计课程，以学生的经验为教学基础。

①罗珍. 城市文化与儿童美术[M]. 广州：岭南美术出版社，2010.

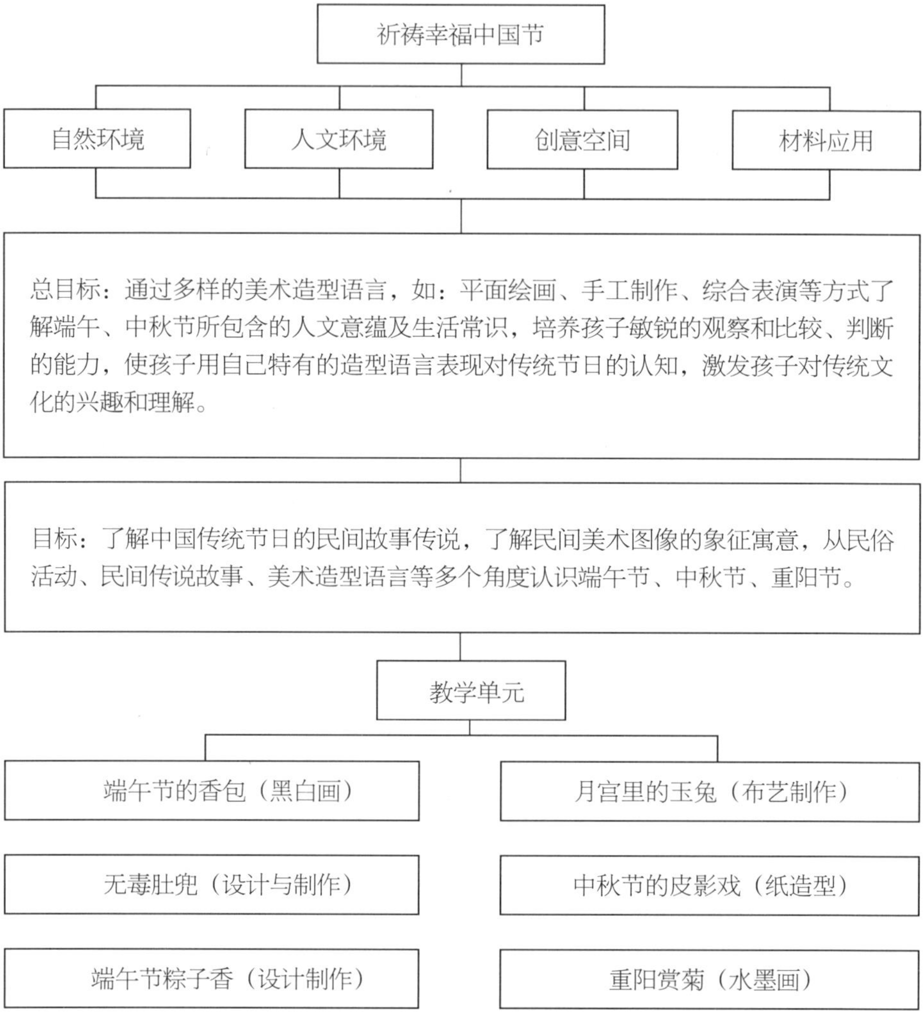

图6-2 “祈祷幸福中国节”课程设计图

“月宫里的玉兔”课程设计（以下对原设计进行了部分删减与修改）：

设计思路：玉兔常出现在中国古代传说与诗歌中，是中国古代文化的重要象征物，让学生了解有关玉兔的文化传统，并通过自己的方式做一只玉兔。

教学目的：通过文化了解，学习传统文化。通过制作玉兔的学习，培养儿童学习兴趣，提高学生动手能力。

教学材料：剪刀、白色的布、线、油漆笔、兔子的图片。

教学过程：

1.通过讲述玉兔的神话故事，激发儿童的学习兴趣。

2.让儿童讲述他们搜集的玉兔故事。

3.展示兔子的图片，分析兔子的特征和动态，和儿童讨论兔子喜欢的食物。

4.演示剪裁和缝制的方法：

A.用绘画纸画出兔子的造型。

B.把纸铺在布上，根据兔子的外形依样剪出。

C.缝好外形，留出封口，翻成正面。

D.在缝好的兔子里塞进棉花或化纤丝棉。

E.缝好封口，用油漆笔画出兔子的五官和花纹装饰。

F.儿童制作时，及时提醒学生仔细认真做好每一个环节。

G.提醒学生用剪刀和针线时要注意安全。

教学拓展：在家给爸爸妈妈讲玉兔的故事。

教学建议：建议以有关玉兔的故事作为导入，在课程进程中了解玉兔的制作，还可以鼓励儿童根据《嫦娥奔月》的故事自己编有关中秋玉兔的故事，并以漫画的形式画下来。

以上为“祈祷幸福中国节”整个课程设计的安排，全部课程以中国传统节日为线索，在教学的整个过程中都进行了很好的编排，教学效果良好。通过对学生以及家长的访谈，可以感到学生能够在教学中获得对中国传统文化的理解，并具有很好的情感教育的效果。以下为课题中部分课程完成后的访谈摘录（访谈稿由罗珍提供）：

张雨晴（以下简称“张”），女，7岁，跟随学习1年。访谈时间：2007年8月9日。

罗：这个学期我进行了有关“春天的祝福”这个主题教学，在这些课程中我们了解了一些中国传统的东西，像老北京风筝、象形文字等，你喜欢吗？

张：喜欢。

罗：你最喜欢哪些内容？

张：做小燕子形状的风筝。

罗：因为什么而喜欢呢？

张：因为小燕子可爱、胖乎乎的感觉。

罗：从哪儿看出来的呢？

张：从风筝的外形看出来的，它代表儿童。

罗：除了外形，你还喜欢风筝的什么呢？

张：风筝上的图案。

罗：因为什么喜欢？

张：图案好看，而且带给人祝福。

罗：还有哪些上过的内容给你印象比较深呢？

张：画兔爷。

罗：为什么喜欢画兔爷？兔爷是做什么用的？

张：虽然不是真的兔爷，但特别可爱，平时我就喜欢小白兔。兔爷是中秋节的玩具，小孩玩的。

罗：为什么中秋节大人才给小孩送兔爷，有什么特别的意思吗？

张：不记得了，好像跟嫦娥有关吧。

杨蕤嘉这时插话说："老师，该问我了吧！"，"好，现在杨蕤嘉小姐回答问题"。

杨蕤嘉（以下简称"杨"）：7岁，女，跟随学习两年多一点。

罗：这段时间咱们上的课，你喜欢哪些？

杨：插花和风筝，还有皮影。

罗：为什么喜欢呢？

杨：因为风筝不同的形状代表了人不同的年龄。

罗：除了这些，还有其他的原因吗？

杨：图案特别有意思，有祝福的意思。

罗：经过这些学习，你觉得自己有哪些进步？

杨：了解了老北京民族的文化，我自己画画的时候经常画一些这样的东西。

罗：那你现在看周围的事情时与以前有什么不同吗？

杨：有呀。

罗：你举个例子。

杨：小时候不知道，看老人们穿的衣服有那样的花纹觉得很奇怪，现在新世纪了，有那么多好看的衣服为什么不穿，而穿那样的衣服，现在认为穿这样的衣服是有文化性的。

罗：你知道了这些传统的东西后，你会比以前注意传统的东西了吗？

杨：以前不注意看，现在喜欢看了。

罗：你举个例子。

杨：我现在喜欢传统的衣服，觉得很漂亮。喜欢看民族的东西。

罗：哪些东西呢？

杨：像兔爷、风筝、皮影，有些我也不知道叫什么。

罗：你还会注意看其他地方传统的东西吗？

杨：注意了，像有的民族男人穿裙子，也是有文化性的。

……

小结：在学前解读进行中国传统审美意象教育的传达，可操作的因素主要体现在能够通过造型的意向性，发展儿童的认知能力。对于关涉中国传统文化的部分，主要通过老师的引导，通过系列性的中国传统美术内容的教学，形成潜在的影响，为以后学段的文化理解的教学提供感受与知识上的铺垫。

柒 [第七章]

147 “九年制义务教育阶段”中国传统审美意象的美术教育传达

美术教育进入小学阶段，对于中国传统审美意象的传达随着学生认知的发展，可以逐步加入文化的渗透，对中国传统审美意象的传达可以从学前的被动、次要状态转换成为主动、系统状态。

学前阶段的美术教育具有较大的自由度，进入义务教育阶段的美术教育需要服从整个国家基础教育课程体系。美术教育是这个大系统中的子系统，依据的标准是教育部颁发的《全日制义务教育美术课程标准（实验稿）》。《全日制义务教育美术课程标准（实验稿）》将美术教学分为四个学习领域："造型·表现""设计·应用""欣赏·评述""综合·探索"，目标指向为"知识与技能""过程与方法""情感、态度和价值观"三个维度。九年义务教育阶段的美术学习分为四个学段，第一学段：一、二年级；第二学段：三、四年级；第三学段：五、六年级；第四学段：七至九年级。[①]这些学段可以划分为小学与初中两个阶段，小学阶段为人生成长变化最迅速的阶段之一，随着学生成长每个阶段都有诸多变化，美术教育的方法内容也有很大变化，因此，本章节将这四个阶段分为小学与初中两个部分来分别研究。

第一节 "小学阶段"中国传统审美意象的美术教育传达

小学阶段在美术教育中的划分，如果按照认知发展的程度划分，皮亚杰将7~11岁界定为"具体操作期"，这基本与我国小学阶段的年龄重合（约7~12岁）；将12~15岁界定为"形式操作期"，这与我国初中阶段的年龄基本重合（13~15岁）；而罗恩菲德将7~9岁定为图示期，9~11岁定为"写实萌发期"，12~14岁定为"伪自然主义期"，13~17岁定为"青春危急期"。[②]这些分期与我国教育阶段的划分既有重合也略有出入，说明阶段之间即有明显的认知发展的特征变化，同时又具有较强的衔接性。

①中华人民共和国教育部. 全日制义务教育美术课程标准（实验稿）[M]. 北京：人民教育出版社，2001.

②[美]伊莱恩·皮尔·科汉. 美术，另一种语言的学习[M]. 尹少淳，译编. 长沙：湖南美术出版社，1992.

一、教材分析

小学阶段是各科知识的启蒙时期，在美术教育上，对于中国传统审美意象的传达主要是建立对中国传统美术的基本了解。其中小学一年级是一个过渡时期，大多数儿童在进入一年级以后，幼儿时期绘画的自由会下降，学校的学习规范影响了儿童生活以及学习的各个方面，即便在有经验的美术老师的指导下，儿童的绘画大多也无法恢复到原来的自由程度。

以人民美术出版社和人民教育出版社的小学美术教材为例，可以大致看出“中国传统审美意象”教学内容在小学的课程状态（表7-1、表7-2）：

表7-1 人民美术出版社《美术义务教育课程标准实验教科书》小学美术中与中国传统审美意象相关的课程调查表

年级	与中国传统审美意象相关的课目	课时数	占总课时的比例（总课时38节/学年）
一年级	第一册：第十七课美丽的建筑；第二册：第十九课花的世界	2	5%
二年级	第三册：第十课我们来跳舞；第四册：第十课艺术作品中的动物	2	5%
三年级	第五册：第十八课绘画中的节日；第十九课我喜欢的鸟；第十课童年；第十五课彩墨游戏；第六册：第八课彩墨游戏（二）；第十课中国龙；第十一课吉祥图案	7	18%
四年级	第七册：第一课四季的色彩；第七课有趣的属相；第十课生活与艺术中的花；第十一课画水果；第十二课娇艳的花；第八册：第一课 植物写生；第五课生命之源——水；第六课材质的美；第七课用彩墨画鸟；第八课用彩墨画鱼；第十九课精彩的戏曲	11	29%
五年级	第九册：第一课肖像艺术；第四课美术中的比例知识；第五课偶戏；第八课有趣的汉字；第九课飞天；第十册：第一课人民艺术家一齐白石（一）；第二课人民艺术家——齐白石（二）；第十四课山水画；第十五课花鸟画；第十六课雕塑之美；第十七课给艺术插上科学的翅膀；第十八课昨天、今天和明天	12	32%

续表

六年级	第十一册：第一课凝固的音乐——建筑；第二课有特点的人脸；第三课戏曲人物；第十五课神州风采；第十六课家乡的老房子；第十二课动画片的今昔	6	16%

资料来源：人民美术出版社教育资源网 http://www.artscbs.com/book/yjkb/yjbook1/

表 7-2 人民教育出版社《美术义务教育课程标准实验教科书》小学美术中与中国传统审美意象相关的课程调查表

年级	与中国传统审美意象相关的课目	课时数	占总课时的比例（40节/学年）
一年级	无	0	0%
二年级	上册：第二十课形形色色的世界（欣赏・评述）；下册：第九课漂亮的花边（设计・应用）	2	5%
三年级	上册：第四课前前后后（造型・表现、欣赏・评述）；第五课天然的斑纹（造型・表现）；第二十课迷人的动画片（欣赏・评述） 下册：第一课水墨游戏（造型・表现）；第三课曲曲直直（造型・表现）；第四课平平稳稳（造型・表现）；第九课家乡的桥和塔（欣赏・评述）；第十课我设计的一本书（设计・应用）；第十四课变幻无穷的形象（设计・应用）；第二十课民间玩具（欣赏・评述）	10	25%
四年级	上册：第三课美术的节奏（造型・表现、设计・应用）；第十二课窗外的景色（造型・表现） 下册：第二十课珍爱国宝——秦始皇陵兵马俑（欣赏・评述）	3	7.5%
五年级	上册：第三课美丽的纹样（造型・表现）（设计・应用）；第七课古朴精美的华表（造型・表现）（设计・应用）；第八课鸟语花香（造型・表现）；第九课陶泥的世界（设计・应用）（造型・表现）；第十六课珍爱国宝——古代的陶瓷艺术（欣赏・评述） 下册：第七课夸张的脸（造型・表现）；第八课十二生肖；第九课学画山水画（造型・表现）；第十二课会亮的玩具（设计・应用）；第十五课舞台布景（综合・探索）	10	25%

续表

六年级	上册：第二课风景写生（造型・表现）；第三课心中的风景（造型・表现）；第四课会动的剪影（设计・应用）；第五课水墨画——动物（造型・表现）；第六课形体切挖（设计・应用）；第七课我们做乐器（设计・应用）；第九课保护文物（综合・探索）；第十课爱护古建筑（综合・探索）；第十二课中国画与油画（欣赏・评述） 下册：第三课泥浮雕（造型・表现）；第四课画扇面（造型・表现）；第五课我设计的服装（设计・应用）；第十二课我国古代建筑艺术（欣赏・评述）	13	32.5%

资料来源：人民教育出版社美术教材http://www.pep.com.cn/meishu/

由于小学美术教学内容覆盖面比较广泛，课程比较综合，以上统计为出现中国传统审美作品的课程，其真正比重要比以上统计的百分比少，所显示数据基本为最大值。从这两个版本的教材中中国传统审美内容所占的比重基本可以看到，课目适合儿童文化理解的水平，随着学龄的上升，与中国传统审美意象相关的课程逐渐增加。小学阶段的美术教育是以儿童心理特点为基础，力求知识与技能、过程与方法、情感态度与价值观的综合表现，因此，教师在教材的运用上就需要自己重新建构，让固定的教材变成活的教育。在中国传统审美意象的传达上，也面临同样的问题，即老师如何克服教学内容的断裂，并将所讲内容进行有效、持续的传达。由于小学阶段还是基础阶段，在中国传统审美意象传达中还无法形成教师和学生的深入互动，因此，在本研究中，小学阶段依然以访谈、问卷的方法提供一些参考性的分析。在九年制义务教育阶段中，将中心部分放到初中阶段进行研究。

二、访谈、问卷、教学观察

访谈、问卷、教学观察的主要对象：教学观察学校：北京市海淀实验小学、中关村一小万柳分校。访谈、问卷对象：侯令（1997教育部授予“全国优秀美术教师称号”，教育部艺术教育委员会委员，中国艺术教育促进会副秘书长、人美版小学教材副主编）、北京师范大学亚太实验学校刘怡老师、北京市西城区民族团结小学朱楠楠老师、北京市海淀实验小学刘宏老师等。

问卷设计：考虑问题回答的多样性以及老师思考的深度，问卷采用全开放式问卷。问卷设置为两级指标。（问卷见附录2）

一级指标：美术教育“中国传统审美意象”在小学教育的传达。

二级指标： 1. 教师教学认识维度（题项1、2）。题项1是总体认识，题项2是教师对当下小学美术教育现状的认识。

2. 教材与教学建构维度（题项3）。

3. 为教学维度（题项4、5）。题项4为各科目间沟通的思考与策略；题项5为具体教学策略。

三、研究分析

（一）调查问题的主要观点

1. 教师的认识。教师普遍能够认识到中国传统审美意象在美术教育传达中的重要性，但是具体分析中国传统审美意象的价值意义则多流于表面，可见，只有清晰理解中国传统审美意象的价值意义才能够更好地进行传达，在教师阶层更需要对中国传统文化的价值意义内涵进行适度的加强学习。

2. 中国传统审美意象在小学传达的主要矛盾。关于在小学阶段进行中国传统审美意象传达，教师的普遍观点是：（1）教师对中国传统文化修养需要提高；（2）教材的内容相对比较少；（3）学生的文化积累较少，难以对文化性强的内容产生兴趣。

3. 教材。对于教材的观点，主要有以下四点：（1）很多教师认为教材有关中国传统审美教育的内容偏少；（2）认为教材内容比较全面，但是很多内容受课时、条件限制，难以开展；（3）教材在传统文化中偏向民间传统文化，而不是传统精英文化；（4）教材有关中国传统审美意象的内容之间的联系比较弱。

4. 对于“综合·探索”，学科间沟通的看法。（1）学科沟通对中国传统审美意象所传达的意义得到一致认可；（2）在实践上能够做到的老师较少；（3）教材对老师相关教学的指导较少。

（二）小学美术教育中“中国传统审美意象”传达的建议

1. 教师是中国传统审美意象传达的核心。从问卷与访谈中可以看出，教师的传统文化素养、教师对传统文化的整合都是影响中国传统审美意象传达的重要因素。就课程资源而言，教师资源是最重要的课程资源。新课程改革对教师的要求提高了，新课程教师培训可以实现教师观念的转换，但是任何观念的转换都需要具体教学内容来实现教学传达，教师并不普遍具有对中国传统文化深度理解的能力以及进行文化综合的能力。因此，师范教育以及教师再培训需要建立系统的中国传统审美意象传达的知识体系。

2. 教师对教材的重新建构。教材需要将美术知识分门别类地进行传达，因此，教材是教学的一个基本参照，并不是教学的决定因素。教师需要对教材进行理解、重新建构才能够进行有效的传达。从问卷访谈中也可以看出，教材与教参上对各相关课程的联系性解读还是比较弱，建议编写的过程中，加强中国传统审美的思路和体系的联系。

3. 教学策略建议。（1）中国传统审美在教学上可以加强与学生现实生活的联系，让学生对传统产生亲近感，易于接受。但这里不是指将传统的意蕴现代化，而是将现实的生活引向传统；（2）建立多学科之间的联系，这不仅有助于对中国传统思维的理解，也有助于对其他学科的理解，同时，有助于开发学生发散性思维；（3）可以组织单元化教学，将教材上相关的课程进行重新规划，以实现信息的强化，获得更好的学习效果。

第二节 “初中阶段”中国传统审美意象的美术教育传达

初中阶段是中国传统审美意象传达最重要的时期，此时，学生经历了小学阶段的学习，对中国传统美术的基础知识有了一定了解，对社会的认知也在不断加深，在这个时候进行中国传统审美意象教育，能够很好地将美术学习与文化学习沟通，使美术学习和文化学习以及与学生的社会理解交融，是塑造学生心灵情感的最佳时机。在美术教育环节，罗恩菲德把这一年龄阶段称为“伪自然主义时期（约12~14岁）”，此时的学生能够表达透视理解，关注人物与环境的关系，人物形象一般没有明显的个性特征，倾向于漫画的特点等。[①]这些美术能力的增强与学生其他知识能力的增强是同步的。以下的教学实践研究是在初中学生已经具备了以上所要求的相关能力基础上开展的，此后的问卷调查也能够显示出初中生美术学习与其认知水平的关联。

一、教材分析

初中阶段在阶段教学目标上可谓是对小学阶段的加强深化，以人民美术出版社和人民教育出版社出版的中学美术教材为例，可以大致看出中国传统审美在初中的课程状态（表7-3、表7-4）：

表7-3 人民美术出版社《美术义务教育课程标准实验教科书》初中美术与中国传统审美意象相关的课程调查表

年级	与中国传统审美意象相关的课目	课时数	占总课时的比例（总课时俺教材建议课时）
七年级	13册：第四课生动的小泥人；第七课大家动手做条龙；第八课对印的乐趣；14册：第四课单色版画；第七课民间艺术色彩搭配；第十二课活泼有趣的帽子和文化衫	6	20.7%（6/29）
八年级	15册：第一课美术是人类文化造型的载体；第三课墨与彩的韵味；第四课笔墨的情趣；第五课一版多色的版画；16册：第一课艺术与科学；第二课中国山水画意境；第三课中国画的形式美；第四课用电脑画山水画；第五课陶艺制作	9	33%（9/27）
九年级	18册：第一课继承和发扬中国美术艺术传统；第五课传统艺术：色彩搭配；第六课建筑艺术的色彩搭配；第九课我们身边的艺术遗存；第十课探究书籍的奥秘；第十二课藏书与书签	6	23.1%（6/26）

资料来源：人民美术出版社教育资源网 http://www.artscbs.com/book/yjkb/yjbook1/

① [美]罗恩菲德．创造与心智的成长[M]．王德育，译．长沙：湖南美术出版社，1993.

表7-4 人民教育出版社《美术义务教育课程标准实验教科书》初中美术中与中国传统审美意象相关的课程调查表

年级	与中国传统审美意象相关的课目	课时数	占总课时的比例（总课时俺教材建议课时）
七年级	上册：第一单元劳动——人类创造力的源泉；下册：第一单元艺术——生命与自然和谐交融；第二单元春天的畅想	7	19.4%（7/36）
八年级	上册：第一单元形象直观的表现与交流语言；第四单元我们的画展； 下册：第一单元艺术表现的深层意蕴和审美价值；第二单元装点我的居室	21	42.9%（21/49）
九年级	上册：第一单元中国美术的辉煌历程与文化价值；第二单元读书与藏书的情结；第三单元格调高雅的生活品味；第四单元土与火的艺术； 下册：第二单元城乡美术文化考察；第三单元中国民间美术	28	70%（28/40）

资料来源：人民教育出版社美术教材http://www.pep.com.cn/meishu/

通过分析人民美术出版社和人民教育出版社出版的初中阶段教材，可以发现中国传统审美的内容明显增加。显示出教材也基本符合本研究的设计，即向高年级转化的过程中，形象意象层面向文化意象层面转化。但是同时我们也能看到，为了实现美术教育的诸多教育目标，中国传统审美意象在教材中的内容还是分散状态，因此，教师需要调动各方面的主动性，将各个课程进行重新组合、调整才能够做到适度强化、循序渐进、广泛联系，惟其如此，教学才能达到好的效果。

二、问卷、访谈、教学观察研究

本次研究访谈、问卷的教师对象主要为北京市海淀区实验中学李露花老师、北京市第八中学刘洋老师、上海市民一中学陈红老师、上海市进才实验中学周小丽老师、安徽省安庆市十一中胡艳艳老师、安庆市白泽湖中学陈丰收老师等。学生对象为北京市海淀区实验中学初二学生，安庆市十一中初二学生。教学观察对象为北京市海淀区实验中学、安庆市十一中。

教师问卷设计：

考虑问题回答的多样性以及老师思考的深度，问卷采用全开放式问卷。问卷设置为两级指标。（参见附录3）

一级指标：美术教育“中国传统审美意象”在初中的传达。

二级指标： 分为三个维度。

1. 教师教学认识维度（题项1、2）。题项1是总体认识，题项2是教师对当下初中学美术教育现状的认识。

2. 教材与教学建构维度（题项3）。

3. 教学维度（题项4、5）。题项4为各科目间沟通的思考与策略；题项5为具体教学策略。

教师访谈、问卷分析：

教师普遍认同中国传统意象审美在美术教育中的意义，但却认为现代生活让学生远离传统，导致在接受上有困难；教材倾向于城市，对于农村中学教学实践的课程资源相对不足。老师一致认为加强课程之间的联系很有必要，而教学实践上，不同课程之间的联系与教师间的沟通还是较少。涉及到中国传统审美意象美术教学，由于关涉的历史文化领域比较深广，各学科之间联系尤其需要加强。

学生问卷设计：问卷问题设置多为半开放式问卷。（参见附录4）

一级指标：美术教育“中国传统审美意象”在初中的传达。

二级指标：分为四个维度。

1.学生学习态度维度（题项①）。

2.影响学习的环境维度（学校外部环境为题项②，内部环境为题项③、④、⑤）。

3.教师与课程（教师为题项⑥、课程为题项⑦）。

4.课程理解与教学策略（题项⑧，开放式题项）。

（说明：问卷统计分析中，单选题按照百分比进行排序，多选题按照比例重新排序。）

学生问卷统计：问卷发放学校：北京市海淀实验中学初二（2）班。人数42，男生22；女生20。发放42份，有效回收42份。

表 7-5　北京海淀实验中学初二（2）班中国传统审美教学调查表

问卷维度	主要问题内容	答卷选项统计			最高比例选项（备注）
		题项	人数	比例（单选）/排序（多选）	
学习态度	1. 对中国传统文化的兴趣（单选）	A 非常感兴趣 B 一般 C 不感兴趣	5 33 4	12% 78% 10%	B 一般
影响学习的环境（外部）	2. 中国传统视觉文化学习的主要来源（多选）	A 受父母或亲戚的影响 B 学校教育 C 影视 D 课外阅读（包括网络） E 其他途径	22 18 15 35 1	D 课外阅读 A 受父母或亲戚的影响 B 学校教育 C 影视 E 其他途径	D 课外阅读
影响学习的环境（内部）	3. 在中国传统文化的学习中对你影响比较大的课程(多选)	A 语文 B 历史 C 地理 D 政治 E 美术 F 音乐 G 其他	37 39 22 10 32 26 0	B 历史 A 语文 E 美术 F 音乐 C 地理 D 政治 G 其他	B 历史
影响学习的环境（内部）	4. 中国古代传统文化学习中各科之间的联系	A 大 B 一般 C 很小	8 30 4	19% 72% 9%	B 一般
	5. 中国传统文化的联系途径主要	A 老师会串通各学科知识 B 主要靠自己理解 C 两方面影响比较平均	6 8 28	14% 19% 67%	C 两方面影响比较平均

续表

教师与课程	6. 影响传统文化在美术课中的传达的主要因素（多选）	A老师水平 B课时安排的多少 C其他	37 34 7	A老师水平 B课时安排的多少 C其他	A（其中C选项“其他”，多提出个人爱好因素）
	7. 现在美术课程中中国传统文化的内容	A较多 B适中 C偏少	1 30 11	2% 72% 26%	B适中

问卷发放学校：安庆市十一中初二（2）、（4）班。人数120，男生62；女生58。发放120份，有效回收120份。

表7-6 安庆市十一中初二（2）、（4）班中国传统审美教学调查表

问卷维度	主要问题内容	答卷选项统计			最高比例选项（备注）
		题项	人数	比例（单选）/排序（多选）	
学习态度	1. 对中国传统文化的兴趣（单选）	A非常感兴趣 B一般 C不感兴趣	26 8 16	22% 65% 13%	B一般
影响学习的环境（外部）	2. 中国传统视觉文化学习的主要来源（多选）	A受父母或亲戚的影响 B学校教育 C影视 D课外阅读（包括网络） E其他途径	42 76 50 70 3	B学校教育 D课外阅读 A受父母或亲戚的影响 C影视 E其他途径	B学校教育

续表

影响学习的环境（内部）	3. 在中国传统文化的学习中对你影响比较大的课程（多选）	A语文 B历史 C地理 D政治 E美术 F音乐 G其他	108 113 45 19 89 67 0	B历史 A语文 E美术 F音乐 C地理 D政治 G其他	B历史
	4. 中国古代传统文化学习中各科之间的联系	A大 B一般 C很小	19 92 9	16% 77% 7%	B一般
	5. 中国传统文化的联系途径主要	A老师会串通各学科知识 B主要靠自己理解 C两方面影响比较平均	18 22 80	15% 18% 67%	C两方面影响比较平均
教师与课程	6. 影响传统文化在美术课中的传达的主要因素（多选）	A老师水平 B课时安排的多少 C其他	90 75 13	A老师水平 B课时安排的多少 C其他	A（其中C选项其他，提出了个人爱好因素的比较多）
	7. 现在美术课程中中国传统文化的内容	A较多 B适中 C偏少	2 98 20	2% 81% 17%	B适中

通过对教师的访谈以及师生的问卷统计分析，对初中美术课程进行中国传统审美意象传达大致得出以下相关的结论：

（一）初中学生有良好的接受能力，在老师有效的教学指导下，学生完全能够喜欢上美术课对中国传统审美意象的传达。

（二）将中国传统文化融入到美术教学中，不仅可以扩大学生的知识面，而且易于激发学生灵感，培养学生多样的文化情感。

（三）教材与教师的关系。在多元文化教育的背景下，中国传统美术内容的确在教材上有减少的趋势。在实际的教学中，教材还受诸多客观条件的制约。但是决定性的是教师的引导，教师需要重新建构教材，形成系统、深入的教学单元进行中国传统审美意象的教学，效果更好。

（四）在学生问卷中，我们能够发现，对于中国传统文化的学习，初中阶段的学生认为在第一位的并不是来源于学校教育，而是来源于课外阅读。在北京市海淀实验中学的问卷中，排第二位的是家庭环境的影响，学校教育只是排在第三位，而安庆十一中的学生将学校教育排在第二位。这反映出了地区差异。北京的课程资源更为丰富，学生能够通过主动的学习进行知识的迁移与融合。这也显示了，初中阶段对中国传统美术的教学不仅仅是学校教育的问题，还关系到家庭教育、社区教育与学校教育的综合教育联接。

（五）学生认为在中国传统审美的学习中，对他们产生影响的学科顺序依次为历史、语文、美术、音乐、地理、政治、其他，可见学生已经能够意识到中国传统文化的相关性，而且也意识到美术在传达中国传统文化中的地位。

综合以上分析，大致可以提出以下教学建议：

教师是教学的核心，起着引领教学的作用，教师自身的文化修养、知识面、教学经验对于课堂上成功传达“中国传统审美意象”至关重要，教师需要加强自身对中国传统文化的理解才能对中国传统审美意象的传达做到深入有效。

老师需要调动学生已有的知识经验，即运用其他文化的学习促进美术的教学，同时通过美术教学促进其他文化知识的学习。

具体教学上，教师可以自己开发中国传统审美意象传达的课程，可以增加课程与现代生活的关联，发挥材料本身的魅力，争取做到深入浅出。上课忌教条，照本宣科，老师需要吃透所讲内容，课堂上灵活生动，寓教于乐，激励学生去思考，使他们对传统文化产生情感上的共鸣。

总之，在中国传统审美意象传达的美术教学上，只有老师理解到位，才能够更准确地将中国传统审美意象的价值传达出来。当然，对于中国传统审美意象的价值传达途径是千变万化的，绝不是几条建议就能够囊括教学的大千。具体教学建议上的要求是：关爱学生、了解学生、了解自己、了解中国传统审美意象的精神。这些是保证中国传统审美意象有效传达的基础。

三、初中阶段美术课程“中国传统审美意象”传达教学实践

课程设计思路：通过对中国传统审美意象的综合解读，让学生理解中国传统意象审美的魅力与造型方法，并进行美术创作体验。课程分为三课时，第一次课“生活的艺术与艺术的生活”为综述，说明中国传统审美意象的形成与审美特点；第二次课“流动的影子”通过形式分析，讲解美术中如何体现中国传统审美意象，并进行绘画创作表达中国传统审美意象。第三次课“走进园林”在前两次课的基础上继续巩固拓展，前一部分课程内容为园林审美欣赏，后一部分课程内容为画园林，进行创作实践。（图7-1）

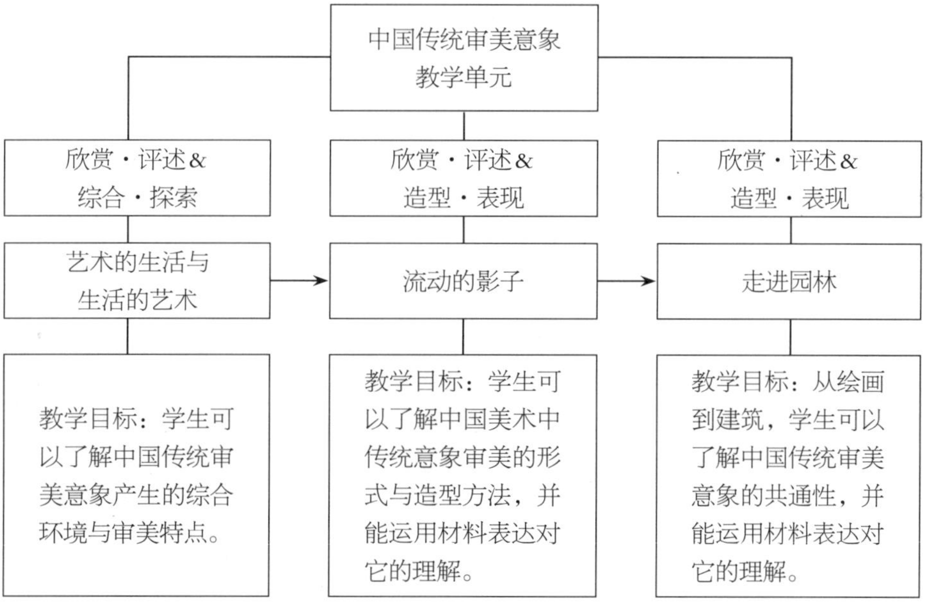

图7-1 中国传统审美意象在美术教育中的传达初中单元课程设计图

第一课　生活的艺术与艺术的生活（涉及学习领域：欣赏·评述，综合·探索）

教学目标：学生通过对中国传统艺术作品的生成、艺术家的生活状态的了解以及中国传统艺术特点、价值的学习，认识中国传统审美意象产生的综合环境与审美特点。在中国传统艺术与情境中获得情感陶冶。

重难点：中国传统审美意象在美术中的体现。

教学过程：导入——新老版本“红楼梦”剧照比较引入思考，古代人是怎样生活的呢？

内容：通过对徐渭、文徵明、沈括、计成等人的生活经历和作品分析，阐述传统绘画审美特点——中国传统艺术（绘画、诗歌、书法、戏曲）之间的关联性——中国传统艺术之间的意象性——通过对古、现代人艺术与生活的态度的比较，说明古代传统精英文化艺术对现代人的意义。

学生讨论——对古代中国传统知识分子生活与艺术的思考。

下节课预览——影子与中国绘画的近似性。

课后作业：关注身边的影子与绘画的关系。

教学后记：学生对整个课程比较感兴趣，有较好的互动，部分初中生具有很好的文化积累和理解能力，完全能够理解中国传统文化的意象整体性。（图7-2）

①欣赏·评述　　②造型·表现

图7-2　北京海淀实验中学中国传统审美意象教学单元教学实践

第二课 流动的影子（涉及学习领域：欣赏·评述，造型·表现）

教学目标：学生通过对中国传统艺术作品形式的分解学习，了解中国美术中传统审美意象的形式与构造，明确中国传统美术造型方法所体现的意象的关系；通过创作表达对中国传统美术意象的理解；在中国传统艺术深入研习中获得情感陶冶与创作乐趣。

重难点：理解中国美术中传统审美意象的形式与造型方法，并能运用材料表达对它的理解。

教学过程：导入——《手影》视频——轮廓中显现的形象。

内容——影子与轮廓的关系 ——轮廓与线的关系——线所体现的运动与意象形成的关系——中国美术线的特点——以影子为契机所生发的艺术创造——实践（教师示范）——用自己的理解自由表达一幅绘画创作——现场指导学生习作

下节课预览：走进园林

课后作业：了解与中国园林相关的内容，运用“流动的影子”课程中所学习的方法为走进园林的艺术创作做准备。

教学后记：学生基本能够了解中国传统美术表达的思路，也有相关的知识可以链接，但是在具体创作实践上需要一定的规范与技术训练才能够有较好的表现效果。

第三课 走进园林（涉及学习领域：欣赏·评述，造型·表现）

教学目标：学生通过对中国园林知识的学习与欣赏，更深入地体会中国传统审美意象；通过园林绘画创作表达对中国传统美术意象的理解；通过对中国传统建筑领域的学习并应用于绘画创作以拓展对中国传统艺术的热爱。

重难点：了解中国传统审美意象的共通性，并能运用材料表达对它的理解。

教学过程：导入——讨论颐和园的游园感受。

内容——中国园林的基本发展——中国园林的艺术特点——以园林为一个环境再现古人的生活情态（和第一课呼应）——中国园林与中国传统绘画在意象上的共通性解读——如何用绘画表达园林（示范）——学生进行园林

表达创作（指导习作）

小结——对整个单元进行简短回顾，让同学能够整体把握课程的教学目标与各节课的关系。

教学后记：学生具有良好的学习潜力，在知识结构上超出老师的预期，但是由于技术性知识的训练需要假以时日，因此，在绘画表达上还需要进行反复训练。在单元教学中，教师自身对学生的理解、对课堂的把握是影响教学的重要因素。在这些方面笔者在教学过程中感到还需要积累教学经验，才能够更好地保证教学效果。另外，作为一项研究，这里的单元教学只是一个小小尝试，更多的是提出相关问题，在以后的研究中再深入解决。

小结：本章在对义务教育阶段学生、教材的分析基础上，通过中国传统审美意象的单元课程教学实践，探索在义务教育阶段进行中国传统审美意象教学实践问题。通过实践，可以感受小学阶段对这一内容的传达可以从各个教学领域中实践，而到初中阶段，通过知识的链接，尤其能够体现美术课程人文性的特点。本章所进行的探究，仅仅从内部效应做出一些说明，但具体教学中，如何和其他人文学科进行结合，如何更好地实现中国传统审美意象从形式到内容的传达，还需要进行长期的实践与探究。

捌 [第八章]

165 “普通高中”中国传统审美意象的美术教育传达

本章主要探究普通高中阶段中国传统审美意象美术教育传达的实践问题，中国传统审美意象的传达在很大程度上关系到中国传统文化的知识积累，高中生具备较好的人文知识基础，就人文价值而言，可以实现更好的传达，本章将从学情、教材以及教学实践等几个方面综合探索普通高中对这一内容的教学实践问题。

第一节 研究综述

一、研究对象的基本分析

尹少淳在《美术教育：理想与现实中的徜徉》一书中，对高中阶段的美术教育做过形象的比喻“下马观花”，意味着高中美术需要适度向美术本体回归，依照学生的爱好，有选择地进行深入的学习。由“博而杂”转向“专而精”。[①] 在对高中学生进行中国传统审美意象传达的过程中，我们首先需要考虑高中生的特点：

从生理方面看，这一时期是学生生理发育的成熟期，尤其是脑的发育在形态和功能上都已经成熟。

从智力发展看，具有这样的特征：1.高度发展的概括化的观察力；2.成熟的记忆力；3.理论型的抽象逻辑思维能力形成。

从情感表现看，学生比起少年时期更为成熟、稳定，但与成年人相比，则显得理智感较弱。其特征是：1.热情、奔放、容易激动；2.情感的持续时间长； 3.从外倾型情感向内隐型情感过渡。

从意志表现看，有这样的特征：1.克服困难的主动性、积极性增强；2.自制力增强；3.富于坚持精神；4.意志活动的动机斗争复杂、内隐。

从个性特征看，有这样一些特征：1.自我意识增强；2.世界观初步形成； 3.能力成熟。

从语言和行为看，其特征是：1.口语的语音基本定型；2.独白言语趋于完善；3.书面言语表达基本成熟。

①尹少淳.美术教育：理想与现实中的徜徉[M].北京：高等教育出版社，2005.

总之，这一时期学生的行为表现出一种矛盾性，一方面行为动机表现为成人型，要求独立行事，获取社会对其行为的承认；另一方面在行为控制上尚不够成熟。[①]

高中阶段的学生经过九年制义务教育的学习，心智渐趋成熟，也获得了基本的美术与人文素养，尤其对中国传统审美意象的传达可以做到“精深准确”，是中国传统审美意象进行传达的最佳时机。在课程假设的框架内，整个的教学构思可以由形式意象向文化意象转移（如图1–3所示，横轴向纵轴的倾斜过程）。在技法学习上，也可以通过“绘画·雕塑”系列进行更深入的研究。

在《普通高中美术课程标准（实验）》中，高中美术分为五个系列九个模块：“美术鉴赏、绘画·雕塑、设计·工艺、书法·篆刻、现代媒体艺术”[②]，而且在课程理念中的“理解祖国优秀艺术，尊重世界多元文化”“提高美术素养”[③]与中国传统审美意象的传达具有直接关联性，因此，在高中美术课程中进行中国传统审美意象传达与国家新课程标准具有一致性。但是，在课程标准与教学现实中还有诸如：教师素质观念、课程资源条件、美术教学与美术高考之间的矛盾等各种各样的问题，影响中国传统审美意象的传达，如何做到更好、更有效地传达就是我们的目标。

二、教材分析

以人民美术出版社和人民教育出版社出版的高中美术教材为例，可以大致看出中国传统审美在高中课程中的状态（表8–1、表8–2）：

---

①美术课程标准研制组. 普通高中美术课程标准(实验)解读[M]. 南京：江苏教育出版社，2004：3.

②中华人民共和国教育部. 普通高中美术课程标准（实验）[M]. 北京：人民教育出版社，2001：5.

③同上，第3页.

表8-1　人民教育出版社《全日制普通高级中学教科书（必修）美术》中国传统审美意象相关的课程的调查表

年级	与中国传统审美意象相关的课目	课时数	占总课时的比例（节/学年）
高中	第一讲陶器；第二讲瓷器；第三讲青铜器；第四讲织绣 玉器 漆器；第五讲陶塑；第六讲石雕；第七讲彩塑；第八讲古代人物画；第九讲古代壁画；第十讲古代山水画；第十一讲古代花鸟画；第十二讲现代人物画；第十三讲现代山水画 花鸟画；第十四讲宫殿建筑；第十五讲园林与民居；第十六讲民间美术。	16	53%（16/30）

资料来源：人民教育出版社美术教材http://www.pep.com.cn/meishu/

表8-2　人民美术出版社出版的《普通高中课程标准实验教科书》中国传统审美意象相关的课程的调查表

年级	与中国传统审美意象相关的课目	课时数	占总课时的比例（节/学年）
高中	美术鉴赏：第一课美术鉴赏及其意义；第二课美术作品的艺术语言；第三课走进具象艺术；第四课走进意象艺术；第六课艺术美和形式美；第七课分析理解美术作品的创作意图；第八课美术作品的意义与价值判断；第九课中国古代绘画撷英；第十一课中国古代陵墓雕；第十五课辉煌的中国古代工艺美术；第十六课中国民间美术；第十七课探寻建筑艺术的特点；第十八课漫步中外建筑艺术；第十九课漫步中外园林艺术。 绘画：第一课中国画——民族文化国之瑰宝；第二课中国山水画——天人合一 情景交融；第三课中国花鸟画——借景抒情 托物言志；第六课水色交融 酣畅淋漓——水彩画 雕塑：第一课雕塑艺术——主要的特点；第二课中国古代雕塑；第三课民间彩塑。	48	54%（48/88）

续表

高中	篆刻：第一课篆刻概述；第二课篆刻的工具材料；第三课篆刻书是篆刻的基础；第四课章法是篆刻的核心；第五课刀法是篆刻的手段；第六课篆刻的阴文与阳文；第七课闲章与肖形印；第八课印纽与边款体现了印章的多重审美；第九课明清篆刻艺术。 书法：第一课书法概述；第二课篆书知识与赏析；第三课篆书书写指导；第四课隶书知识与赏析；第五课隶书书写指导；第六课楷书知识与赏析；第七课楷书书写指导；第八课行书知识与赏析；第九课行书书写指导；第十课草书知识与赏析；第十一课草书书写指导；第十二课书写工具与材料。 工艺：第一课什么是工艺；第二课火与土的艺术—陶艺成型工艺；第三课美丽的彩衣—陶艺装饰和烧成工艺；第四课方圆的规矩—木工工艺；第十一课塑造的力量—金属工艺与成型；第十二课给废旧金属以生命——金工小制作。	48	54% (48/88)

资料来源：人民美术出版社教育资源网 http://www.artscbs.com/book/yjkb/yjbook1/

在两个版本的教材中，对中国传统美术的学习内容基本都达到一半以上，但是在统计中，只要涉及中国传统的课程都按照整堂课程内容进行统计，因此，事实上，这里的统计是按照最大值统计。与九年制义务教育阶段美术课程比较，中国传统美术的内容在高中美术课程中有两大特点：一是比重增加，二是内容倾向美术本体。但是，高中课程中的美术欣赏作为“必修”学分课时①，这对老师的教学要求就有了很高的标准。因此，对高中教学的现状进行调查是发现问题的关键。

三、问卷、访谈、教学观察研究

本次研究访谈、问卷的教师对象主要为北京市广渠门中学张炳安老师、上海市民本中学虞红日老师、上海市枫泾中学李技老师、上海市上南高级中

① 课程标准要求是按照模块，每个学生可以自主地选择完成3个学分（18学时/1学分），但是鉴于美术鉴赏具有的主导和基础作用，课程专家建议采用“1+2”的选修方式，即鼓励学生在选修美术鉴赏的基础上，再任意选修其他2个模块的学分。见美术课程标准研制组：《普通高中美术课程标准(实验)解读》，江苏教育出版社2004年版第40页。

学杨安老师、上海市松江新桥中学张家凤老师、安徽省安庆市望江中学陶伟老师、安徽省马鞍山市当涂二中任金星老师、安徽省安庆市十一中胡艳艳老师等 。学生对象为北京市广渠门中学高一学生。教学观察为北京市广渠门中学、安徽省安庆市十一中。

教师问卷设计：

考虑问题回答的多样性以及老师思考的深度，问卷采用全开放式问卷。问卷设置为两级指标。（参见附录5）

一级指标：美术教育“中国传统审美意象”在普通高中的传达。

二级指标： 分为三个维度。

1. 教师教学认识维度（题项1、2）。题项1是总体认识，题项2是教师对当下中学美术教育现状的认识。

2. 教材与教学建构维度（题项3）。

3. 教学维度（题项4、5）。题项4为各科目间沟通的思考与策略；题项5为具体教学策略。

教师访谈、问卷分析：

在高中美术教师的问卷中，对于中国传统审美意象教育传达更多地集中在“美术鉴赏”教学部分，和义务教育阶段的问卷比较，老师体现出更多的主动性，思考的问题也深入一些。老师对教材的意见明显多于九年制义务教育阶段老师的意见，教材使用上基本都采取了主动建构，自己分解、重组教材。高中阶段还面临一个主要矛盾，即高考和课程标准之间的矛盾，因此，师生的教与学的热情、学校的支持程度明显低于义务教育阶段。由于高中阶段的问卷涉及的地域范围比较广，包括北京、上海、安徽等，调查样本之间的地域教育状况差别较大，因此教师回答的侧重点会有所不同，如北京地区的高中美术教学基本能够按照课程标准要求进行，而其他地方普通高中就面临更多的困境。

教师问卷调查中，主要观点如下：

1. 中国传统审美意象是美术教育中的重要内容，但是美术教育中，现代化、西化的影响远远大于中国传统视觉文化的影响。

2. 教师能够感受到在进行中国传统文化教学的时候自身积累对教学效果的影响。多数感到自己对中国传统审美意象的研究不足。

3. 对教材、教参的普遍看法是，需要老师主动建构才能进行有系统、有计划的教学，教参分析需要深化，教材、教参没有把中国传统审美的精髓表达透彻。只有“深入”，才能达到“浅出”，让学生喜欢并接受中国传统美术的意蕴。

4. 教师需要加强学科间的沟通，只有综合运用并理解中国传统文化，才能进行有效的传达。

5. 教师需要继续接受更多的有关中国传统审美的培训，形成有效的教学与研究机制，实现教学教研的多渠道沟通。

6. 教学上，老师问卷的主要观点有：要以学生为中心，激发学生的学习兴趣，如可以通过教学手段的丰富来提高学生的关注度，调动学生的积极性，引发学习兴趣。在课程进行方式上，建议运用单元教学的方式，将知识整合起来，形成明确的知识体系，这样更有利于学生的综合理解与吸收。另外，老师在调动学生积极性上，不要为了形式内容的丰富而忽略根本，最终要用中国传统视觉文化的精髓来打动学生。

7. 理论研究和实践比较脱节。教师一般比较忽视理论研究，而专家的理论研究需要向实践靠拢。

8. 高考机制对高中美术教育的影响。高考压力导致课程不受重视，高考导致美术教学畸形发展，技术倾向导致美育缺失。

学生问卷设计：问卷问题设置多为半开放式。

一级指标：美术教育“中国传统审美意象”在高中的传达。

二级指标：分为四个维度。

1. 学生学习态度维度（题项①）。

2. 影响学习的环境维度（学校外部环境为题项②，内部环境题项③④⑤）。

3. 教师与课程维度（教师为题项⑥、课程为题项⑦）。

4. 课程理解与教学策略维度（题项⑧，开放式题项）。

（说明：问卷统计分析中，单选题按照百分比进行排序，多选题按照比

例重新排序。)（参见附录6）

学生问卷统计：

问卷发放学校：北京市广渠门中学高一2班、5班。总人数64，男生34；女生30。发放64份，有效回收64份。

表8-3　北京市广渠门中学中国传统审美教学调查表

问卷维度	主要问题内容	答卷选项统计			最高比例选项（备注）
		题项	人数	比例（单选）/排序（多选）	
学习态度	1. 对中国传统文化的兴趣（单选）	A 非常感兴趣 B 一般 C 不感兴趣	28 34 2	44% 53% 3%	B 一般
影响学习的环境（外部）	2. 中国传统视觉文化学习的主要来源（多选）	A 受父母或亲戚的影响 B 学校教育 C 影视 D 课外阅读（包括网络） E 其他途径	16 34 40 26 4	C 影视 B 学校教育 D 课外阅读 A 受父母或亲戚的影响 E 其他途径	C 影视
影响学习的环境（内部）	3. 在中国传统文化的学习中对你影响比较大的课程(多选)	A 语文 B 历史 C 地理 D 政治 E 美术 F 音乐 G 其他	36 46 6 8 40 22 0	B 历史 E 美术 A 语文 F 音乐 D 政治 C 地理 G 其他	B 历史
	4. 中国古代传统文化学习中各科之间的联系	A 大 B 一般 C 很小	24 30 10	37% 47% 16%	B 一般
	5. 中国传统文化的联系途径主要	A 老师会串通各学科知识 B 主要靠自己理解 C 两方面影响比较平均	6 16 42	9% 25% 66%	C 两方面影响比较平均

续表

教师与课程	6. 影响传统文化在美术课中的传达的主要因素	A 老师水平 B 课时安排的多少 C 其他	30 40 6	B 课时安排的多少 A 老师水平 C 其他	B 课时安排的多少
	7. 现在美术课程中中国传统文化的内容	A 较多 B 适中 C 偏少	12 40 12	19% 62% 19%	B 适中

（说明：高中问卷取样数目偏少，取样地区也较单一，但是在问卷中学生配合积极，答卷态度认真，因此具有较好的信度与内在效度。）

通过对高中学生问卷的调查，可以发现与北京市海淀实验中学初中的问卷有一些明显的变化出入，主要有三处：

第一处是题项②，“中国传统视觉文化学习的主要来源”初中为“课外阅读”，高中为“影视”（因为取样学生数有限，因此这不能看作绝对有效的差别）。但是，高中课外阅读的时间相对较少，初中课外阅读时间相对比较多；初中的心理特点在影视上不倾向于中国传统审美文化内容，而高中具有较好的视觉文化解读能力。从这两点来看，出现这样的差别也是合理的，并且可以看到，视觉文化对学生的影响在今天高中阶段具有举足轻重的地位。而排在第二的初中为“受父母或亲戚的影响”，高中为“学校教育”，可见，高中阶段，学校对学生的直接影响可能大于家庭的直接影响。

第二处不同是题项③，“在中国传统文化的学习中对你影响比较大的课程”初中排第二的是“语文”，而高中是“美术”。如果这个回答具有较好的可信度，那么可见，在初中阶段，对中国传统审美文化的传达处于基础阶段，历史、语文的文化课程在传达中具有更基础的地位，美术还处于“走马观花（尹少淳）”阶段，主要是对美术做全面的了解。高中生对视觉文化的不断深入，美术教师欣赏教学的偏重等，都有可能在中国传统审美意象传达上具有更重要的影响力（初中高中都是在课后填写问卷，因此可以排除因类似教育实验研究中“后测敏感”或“新鲜与分裂效应”而导致学生选择美术作为影响较大的选项)。

第三处不同是题项⑥,“影响传统文化在美术课中的传达的主要因素”,初中为“老师水平”,高中为“课时安排的多少”。因为本次问卷的授课班级老师都是富有教学经验的优秀美术老师(初中为李艳花老师,高中为张炳安老师),基本不会因为教师水平影响学生的选项,所以这里出现的变化可以这样理解,在美术课程上传达中国传统审美意象,初中阶段课时相对充足,教师的引导具有更大的影响,高中学生虽然具有较好的理解力,而课时不足,单元教学的效果强化就会受到很大的影响了。

综合学生的问卷,可以得出以下主要观点:

1. 高中生由于现代社会环境的影响,对中国传统审美文化的兴趣不高。

2. 高中阶段,视觉文化在其中国传统审美意象学习中有着重要的地位。在中国传统审美意象的传达中,影视的影响是巨大的,联系到社会教育、学校教育与家庭教育的整体性,其他视觉文化对中国传统审美的传达,直接影响中学生中国传统文化审美素养的养成(而现代很多视觉文化对中国传统内容表达的市场化取向,忽略了对待历史与文化的严肃态度,这对中学生接受中国传统文化是一个不利因素)。同时,也可以发现高中阶段需要在视觉文化接受中进行相关的引导,以加强学生在视觉文化理解与认知中的判断与辨别能力。

3. 中国传统审美意象是以文化作为理解的积淀,要对中国传统审美意象进行有效解读,联系中国古代传统文化学习是必须的。而高中各科之间的联系还是比较弱,这和教师、教材有着很大关系。《普通高中美术课程标准(实验)》中提到当前教师的知识结构有欠缺,“高中美术教师应该尽快提高自身的艺术素养”[①]。如果要保证教学的有效传达,教师教育与再培训是重中之重。

---

①美术课程标准研制组. 普通高中美术课程标准(实验)解读[M]. 南京: 江苏教育出版社, 2004: 278.

第二节 “普通高中阶段”中国传统审美意象的美术教学传达实践

说明：高中的实践课程此次安排仅有一个课时，但是课程效果非常好，同学表现出明显的喜爱，可见，高中阶段对中国传统审美意象的传达具有极高的接受度，几乎没有内容深度上的接受困难。

课程设计思路：通过对中国传统审美意象的综合解读，理解中国传统意象的形成与其意象审美特征形成的关系；理解中国传统美术作品是怎样体现中国传统审美意象；在中国传统审美意象的欣赏中获得审美体验与心灵陶冶。

中国传统审美意象（高中美术）课程实践教案：

教学目标：通过对中国传统审美意象的综合解读，学生可以理解中国传统意象的形成与其意象审美特征形成的关系；理解中国传统美术作品怎样体现中国传统审美意象；并在中国传统审美意象的作品欣赏中获得审美体验与心灵陶冶。

重难点：美术课中“中国传统审美意象”形式与内容的关系；中国传统审美意象的精神。

教学过程：导入胡须的历史文化，通过对孙中山、明治天皇、威廉一世（普鲁士）胡须的比较，说明生活与文化的关系以及世界文化的沟通关系。由此讨论，在工业革命之前，中国传统文化是亚洲文化圈的核心文化， 这个文化中的艺术又是一个怎样的生态呢?

主体内容：1. 中国传统文化的观看之道——哲学的观看、艺术的观看、朴素的观看。

2. 赏析徐渭作品《榴实图》，阐明画面本身的意蕴之美，并从形式上阐明诗、书、画、印之间的关系——从画里的诗谈到徐渭的生存状态与才华——由人们常常忽视的徐渭在戏曲上的贡献引申其他与戏曲关系重大的文人生活——倪瓒与其生活的文人集团与昆曲的关系——赏析倪瓒作品《容膝斋图》——从倪瓒作品与文徵明的《石湖清胜图卷》的赏析比较——引申到沈括对中国绘画透视的解读——从文徵明设计的拙政园分析中国古典园林与中

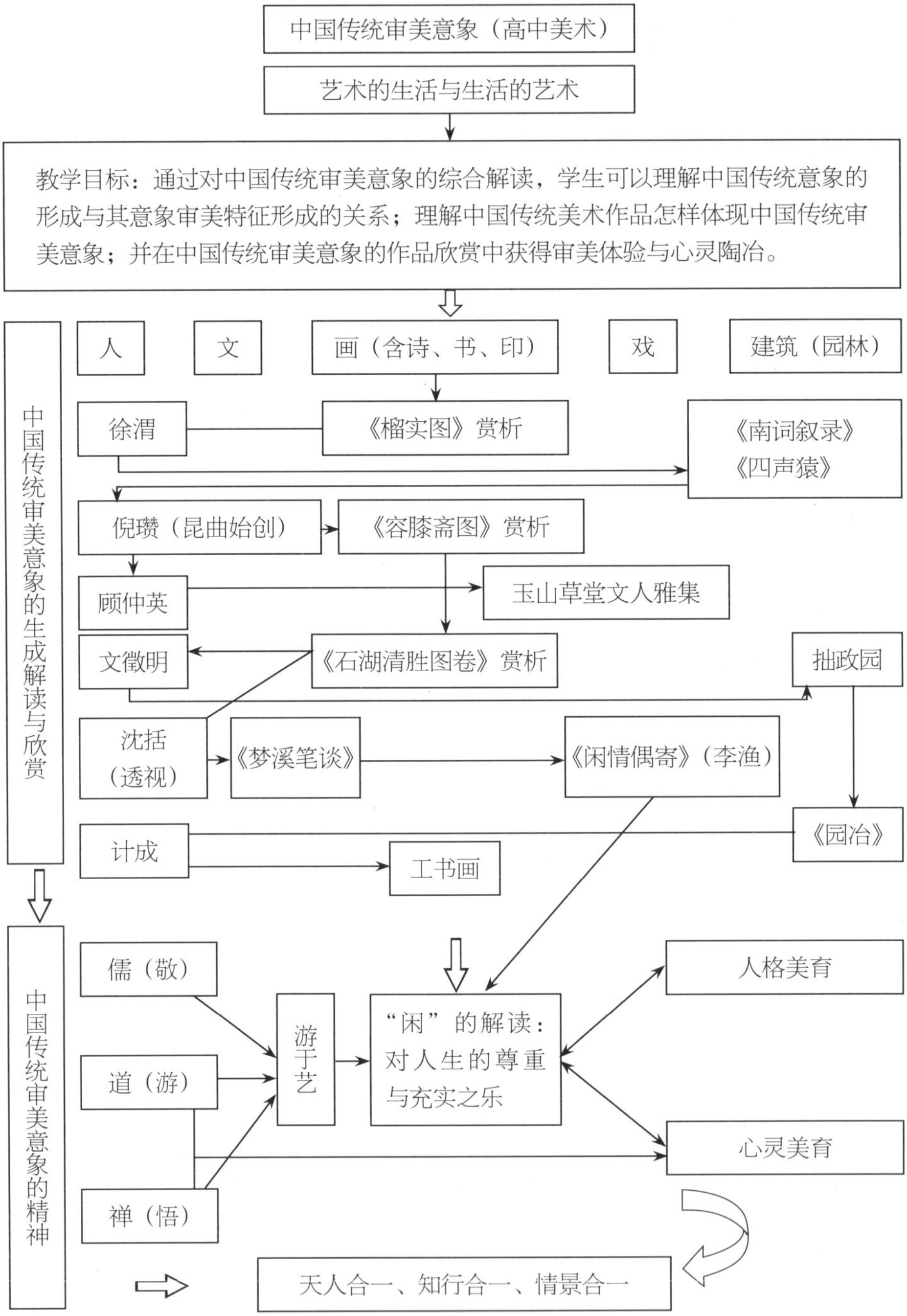

图8-1“中国传统审美意象”在高中“美术鉴赏”课中的课程设计

国传统绘画的关系——园林设计大师计成的解读。

这一段是通过古代文人各类艺术之间（诗书文章，绘画建筑与戏曲）的关联说明古代文人和艺术的关系，藉以联系出整个古典文人生活的状态。同时，在涉及到他们的作品时进行鉴赏，力求还原一个生态的艺术欣赏情境。

3. 从这些艺术中寻找其共性特征：形式与内容的意象体现；意象的精神从一个“闲”字中拓展开。阐述“闲”的人生意义，“闲”的价值来源以及“闲”的人格美育与心灵美育的价值。

总结：中国传统意象审美是心灵的桃花源，中国传统精英美术是通往这个桃花源的桃花之路，通过它我们可以获得现代艺术无法取代的审美体验，完善人格，丰满心灵。

教学后记：学生对整个课程具有很好的理解力，老师及时回答了同学们的疑问（上课前说明同学可以随时提问，随时解答）。虽然只有一堂课，但是课程内容准备的比较充分，课堂教学效果很好，似优于初中的三堂单元课程。缺陷是课时偏少，对高中整个教学研究还需要深入，如果能够继续进行实践类的体验对欣赏教学进行补充，一定会有更好的教学效果。

图8-2 北京市广渠门中学“中国传统审美意象”教学实践

结论：本章在问卷、访谈学情分析与教材分析基础上进行了教学实践。实践过程中，能够明显感受到高中阶段认知、理解能力对中国传统审美意象精神传达的融通性。与其他几个学段相比，高中阶段对这一内容的传达对美术教师具有了更高的要求，对这一内容的传达，需要老师具有较好的综合素养，并能够对课程进行有效的分解与处理。本实验课仅仅对其内在效度作一定的呈现，其继续的探究还需要不断进行探索、分析才能获得更为有效的经验。

玖 [第九章]

本章主要通过高等师范院校“专业基础课”与“人文社会科学基础（艺术）”进行教学实践的探究，探讨中国传统审美意象在不同的专业、不同的科目中传达的效果，这里的取样和实验的范围有限，仅仅作为研究的一个参考。

第一节 研究综述

高等院校美术教育如果按照教学对象的不同进行划分，可以分为“通识美术教育”“师范美术教育”与“专业美术教育”。“通识美术教育”主要指给非美术专业学生提高美术素养的美术教育；“师范美术教育”是指为培养美术教师而进行的美术教育；“专业美术教育”则是培养专业美术人才的教育。这三者看似取向各异，其实包含了一个美术教育的关系整体。“专业美术教育”是美术教育的基础，它的发展是其他美术教育发展的前提，“师范美术教育”为实现美术教育价值传达提供了人力的源泉，而“通识美术教育”则使得美术教育功能的价值得以实现。我们既可以把通识美术教育看作中小学美术教育的延续，同时，中小学的美术教育也为选择“专业美术教育”和“师范美术教育”的学生打下了选择的基础。

从文章的理论假设出发（第一章图1-3），进入高等院校阶段，在非专业美术教育上，中国传统审美意象文化纵轴中的认知功能是主要的，其形象层面的意象价值就显得次要，即所谓“得意忘形”，将获得审美意象的体验、获得审美陶冶为主要目标。而专业美术教育中对中国传统审美意象传达的研究是美术本体研究的范围，包括技法与理论的研究，书中在开始也提到，这一方面的研究已经有了比较深的传统。本研究的重点是运用“专业美术教育”的成果以及其他相关人文知识来充实“师范美术教育”的研究，并将最终目标指向“通识美术教育”，即提高学习者的中国传统审美素养。

前面的实践章节一再提到教师是中国传统审美素养教学传达中的关键，虽然理论假设如上所述，但是中国高等师范美术教育的现状并没有形成美术教育的良性循环。笔者在高等院校师范美术教育专业从教十一年，多次参加各类美术教育研讨会、教育部高中美术课程远程培训的经历都显示出，中国高等师范美术教育专业是整个从少儿到高中美术教育体系的重要部分。但是除部分美术教育基础较好的高等院校，很多地方高等师范院校美术教育专业的课程设置以及教学理念的发展并不理想。

课程改革在中小学已经全面展开，但是美术教育改革的人力资源源头——高等院校师范美术教育并未经历大幅度改革以适应社会发展的趋势，教师培训还是依赖各种情境下的师资再教育。

在师资培养上，经笔者调查发现，国内能够按照师范美术教育标准进行教学的院校为数甚少，主要有首都师范大学、华东师范大学、南京师范大学、湖南师范大学、华南师范大学、广州美术学院、中央美术学院、南京师范大学、河南大学等国内美术教育历史基础比较好的院校，大多数地方师范院校没有建立规范的师范美术教育教学体系。究其原因，主要是各地方高校中欠缺专业的美术教育课程师资。调查显示，美术教育专业具有硕士以上学位毕业生数量较少，且进入高校师范美术教育岗位的并不多。以首都师范大学近三年已经毕业的美术教育专业统招硕士研究生16人为例，只有4人在高校从事专职教学工作，仅仅占比例的25%（其余分布：在读博士2人，高校教辅行政2人，出版社4人，教育研究所1人，北京地区少年宫1人，北京地区小学1人，未就业1人）。而专门从事美术教育课程研究（有部分高校虽然招收美术教育博士，但是并非从事美术教育课程与教学研究）的博士研究生，2009年全国招生数只有首都师范大学和华东师范大学各一名。因此，现实状况说明，中国高等师范美术教育的师资力量的加强和高等师范美术课程改革仍是当务之急，也是保障提供合格美术教育师资的重要前提。

以上叙述似与中国传统审美意象美术教育传达无关，但是，就笔者所工作的安庆师范学院以及与此相似的地方美术教育院系，其“专业美术”导向对美术教育专业形成了很大影响。笔者以课时四周的油画课程教学做中国传统审美意象传达的课程实验，但是基本没有获得期望的教学效果。究其原因，可以这样分析，获得“中国传统审美意象”美术教学能力，需要学生具备以下基础能力：对中国传统视觉文化的理解；良好的中国传统美术技术训练能力；良好的中国传统文化积累；良好的师范专业训练（教育学、心理学等）。而这些能力获得本来就不是一蹴而就的事情，更兼在实验教学的学校，美术教育专业的课程设置基本缺乏，而依赖于“专业美术”倾向的教学，就更难以实现教学的目标了。但是，实验效果也说明，中国传统审美意象的习得与表达不是几周的实验教学所能实现的，也可以加深对“中国传统审美意象”课程在高等师范美术教育方向教学的反思。反而在“通识美术”课程中，中国传统审美意象美术教育传达部分教学获得了良好的效果，第二节将列出具体教学过程。

在“美术教育专业”学生中的“中国传统审美意象传达”技术训练领域，可以借鉴很多在专业美术教育方向研究者的经验。如西安美术学院孙宜生进行过深入系统的“意象美术”教学与理论研究，[①]虽然有众多反对的声音，但其研究成果是显著的（主要反对者的声音来自美学界，尹少淳提出“意象美术教育”时反对的声音也主要是美学界，这也是笔者在第一章进行系统分析“文学意象”与“美术意象”区分的因由）。中央美术学院袁运生长期致力于建立中国传统视觉思维的美术教学方法的研究[②]，中央美术学院靳之林、清华大学陈瑞林[③]、广州美术学院鸥洋等，都在将艺术引入中国传统审美之维上进行过不懈的努力。尽管他们多是在专业美术教育方向上进行研究探索，然而却为将这些研究探索融入到中小学美术教育乃至学前美术教育，以形成广泛的中国传统审美意象的视觉文化思维提供了很丰富的经验与资源。

笔者在安庆师范学院美术教育专业方向的教学实验虽然没有取得明显的教学效果，但还是提供了一些实验的经验。以下将安庆师范学院“美术教育专业”的“中国传统审美意象教学实验”和安庆师范学院公共选修课“人文与社会科学”中“艺术”章节的“中国传统审美意象”部分教学实践过程做一个简述。

---

①李青. 中国艺术与意象美学[M]. 西安：三秦出版社，2008.

②袁运生，杜少虎. 魂系中国情结东方——访谈袁云生先生[J]. 美术研究，2003(2)：37-41.

③陈瑞林. 回归“术”与“艺”的起点——百年中国美术教育的回顾与思考[J]. 清华大学学报（哲学社会科学版），2004(2)：67-84.

第二节 教学实践

一、美术教育专业“油画静物”中国传统审美意象介入教学前实验研究

对“教学前实验”的说明：

在美术教育研究的范围内，实验研究的方法即是根据研究目的，运用人工手段，创设一定的条件，主动干预或控制研究对象的发生、发展过程，以探索、验证所研究美术教育现象因果关系的研究过程。在这种界定里包含三个要素：第一，需要研究美术教育现象的因果关系，这里的因果即是变量之间的因果关系；第二，主动干预或控制研究对象的发生、发展过程即是对自变量的操作；第三，需要运用人工手段对研究条件加以控制，以保证实验结果的有效性。[①]如果按照实验的控制程度来进行区分，本研究只能算是“前实验”。另外研究中的实验控制比较弱，是在自然教学情境下进行了一些实验处理，结果也主要是以观察为主的定性描述。旨在一定的理论假设前提下得出一些正反经验，为以后的教学实验做铺垫。

研究假设：

基于“美术教育专业”与“专业美术教育”的区别，按照美术教育培养的标准，通过在油画课程中加入中国传统审美意象的教学内容，学生能够主动将中国传统审美意象的内容融入油画学习中，并能够在实践中锻炼综合教学的能力。

按照尹少淳对美术教师的塑造标准：人格魅力、美术本体知识、教育理论、文化知识、研究能力[②]几个维度，课程的设置进行这样的介入：

实验组：安庆师范学院美术学院美术教育专业07（2）班（35人） 教师 向虎

控制组：安庆师范学院美术学院美术教育专业07（1）班（35人） 教师 秦华

---

①裴娣娜. 教育研究方法导论 [M]. 合肥：安徽教育出版社，1995：244.

②尹少淳. 美术教育：理想与现实中的徜徉 [M]. 北京：高等教育出版社，2005：237-166.

表9-1 “油画静物”中国传统审美意象介入教学前实验课程安排

课程 课时 组别	油画技法与理论（美术本体）	意象油画赏析（美术本体）	文学与绘画（文化知识）	书画意象（美术本体）	昆曲意象（文化知识）
实验组	48课时	2课时	2课时	2课时	2课时
控制组	56课时	0课时	0课时	0课时	0课时

前实验时间：2008年9月29日~2008年10月24日（四周）

课程设置：

第一周（14课时）

理论部分：油画技法讲解（2课时）、意象油画赏析（2课时）

实践部分：临摹西方古典油画静物一幅，印象派油画一幅（10课时）

课后作业：临摹西方油画静物一幅，附300字以上的临后感。

第二周（14课时）

理论部分：文学与绘画（2课时）

实践部分：摆设中国的石雕、木刻及传统文化内容的静物写生（12课时）

课后作业：临摹中国“意象油画”[①]作品一幅，自选阅读《唐诗三百首》《论语》等中国传统文化基础典籍，并附300字以上读后感。

第三周（14课时）

理论部分：书画意象（2两课时）、昆曲意象（2两课时）

实践部分：花卉静物写生（10课时）

课后作业：临摹喜欢的国画作品四幅，附300字以上的临后感。

第四周（14课时）

实践部分：静物写生创作（14课时）

课后作业： 1000字以上静物写生课后小结。

---

①指将抒情写意与中国国画手法运用于油画创作的油画风格。见尚辉：《意象油画百年》，载《美术》2005年第6期第40-47页；王立民：《文人油画——中国油画民族化的必然》，载《美术研究》2008年第2期第105-108页；鸥洋：《我画意象油画》，载《美术观察》1999年第7期第16页。

表9-2 “油画静物”中国传统审美意象介入教学前实验课程安排表

	实践部分	理论部分	课后作业
第一周	临摹西方古典油画静物一幅、印象派油画一幅（10课时）	油画技法讲解（2课时） 意象油画赏析（2课时）	临摹西方油画静物一幅，附300字以上的临后感。
第二周	静物写生（12课时）	文学与绘画（2课时）	临摹中国“意象油画”作品一幅，自选阅读中国传统文化典籍，附300字以上读后感。
第三周	花卉静物写生（10课时）	书画意象（2两课时） 昆曲意象（2两课时）	临摹国画四幅，附300字以上的临后感。
第四周	静物写生创作（14课时）		1000字以上课后小结。

前实验后的小结：

课程结束后，对两个班从学生作业和学习态度两个方面分别进行了比较：

油画作业比较：控制组美术教育专业07（1）班油画的整体技术熟练程度要略好于实验组，究其原因有两点：一是控制组老师没有进行过多的文化介入，技术训练的强度大于实验组班。二是控制组老师个人风格明显，学生在练习风格与老师倾向一致。由此可见，绘画本体技法的训练有自身规律，临摹、程式化训练具有较好的技法强化效果。

学习态度比较：实验组同学并没有认为自己班级在油画技术训练上弱于控制组，反而具有较强的自信心与满足感，对文化的兴趣明显被调动。有部分同学对文化研究的兴趣获得良好的延续，至今与老师保持较好的教学沟通状态（因为教师教学多为单元课程，教学结束后，教师与学生的教学交往往往就会中断，由其他教师教授另外的课程）。

总体而言，这次前实验进行的教学时间较短，实验效果并不明显，由此笔者对整个课程得出以下小结：

第一，中国传统审美文化在“美术教育专业”学生中进行传达不同于一般的欣赏传达，因为对学生的要求不仅仅是理解，而是要掌握，并运用于以后的教学，深入程度和要求标准差别很大。从理解到掌握是一个很长的时间段，要学生在技法学习、文化学习、教育学知识的学习等方面达到一个综合的良好表现不是一时之功。如果盲目追求一方面的能力，反而会对另外的能力训练形成干扰。

第二，教学是一个流水线，在课程设置和课程理念上要对学生加以引导，让学生对文化的兴趣由老师的传授变成主动的探索，否则，在教学进行一段时间后，学生的积极性下降，又恢复到原来状态。

第三，在高校师范“美术教育专业”教学上，要加强文化之间联系的训练，需要建立专门的课程，组织专门的课程研究。如果师范生能够获得较好的文化理解，那么中小学美术教育中的相关问题也就迎刃而解。这也为美术教师由“教学型”转向“研究型”打下基础。

二、公选课“人文社会科学基础（艺术）”中国传统审美意象教学实践

“人文社会科学基础”是安徽省普通高等院校通识公选课程，课程由各专业老师分段教学，学生数每届近600人，总共36课时，分为文学、历史、哲学、艺术四个部分，其中艺术部分8课时（2001年开设至2008年结束，笔者分别于2001、2002与2008年担任“艺术”部分课程教师。之后此课程改为单门公选课）。有别于高等师范“美术教育专业”的课程，该课程是为提高学生人文素养而设置的，在某种意义上，更是对中小学美术教育的延续，因此，教学目的的不同导致教学方法和内容主要倾向于欣赏教学。笔者在该课程教学的中国传统艺术部分，融入对中国传统审美意象的综合传达，教学效果良好。可以说，2001年对这门课程的教学，是笔者本论文选题的研究的契机之一。

与“中国传统审美意象传达”相关部分，课程安排如下：

美学基本原理（2课时），这一部分为总览，是进行艺术欣赏的前提，在以下教案中，只说明与中国传统审美意象直接相关的三个内容：中国美术形态流变（2课时）、中国音乐欣赏（1课时）、昆曲欣赏（1课时）。

第一课中国美术形态流变：

教学目标：通过对中国传统美术发展的了解，学生可以基本了解中国传统美术的主要作品、审美特征与时代风格形成原因，增加对中国传统艺术的热爱以及对中华民族的热爱，并陶冶情操，获得审美体验。

重难点：作品的审美特征和时代风格形成原因。

表9-3“中国美术形态流变”课程主要内容

时代	主要作品	文化关联
新石器时代	《人面鱼纹彩陶盆》 《舞蹈纹彩陶盆》	新石器时代人类的生活方式与艺术的起源
三代（夏商周）	《饕餮纹鼎》	巫史文化与青铜艺术风格的关系
春秋	《立鹤方壶》	“神本”向“人本”的文化思潮转变
秦	《兵马俑》	从秦代的墓葬说到宫殿建筑——法家思想与长城、兵马俑的内在联系（北方现实主义）
汉	《武梁祠壁画》 《马王堆T形帛画》 《霍去病墓前石雕》	汉代墓室壁画透露的中国古代人生观（楚汉浪漫主义）——浑厚朴拙的雕塑风格形成
魏晋	东晋墓室壁画《竹林七贤》 王羲之《兰亭序》	由“儒”入“玄”的社会文化形成原因——文化的自觉时代——书法的嬗变
唐	阎立本《步辇图》 周昉《簪花仕女图》	民族融合与文化融合（佛道儒）——由唐代舞乐发展、生活风尚述及思想的兼容并蓄——美术之灿烂求备
宋	赵佶《写生蛱蝶图》 马远《秋江渔隐图》	院体画的精工与文心
元	倪瓒《容膝斋图》	元代文化兴盛的原因——文人画的兴起——儒道互补的文化显现
明	徐渭《墨葡萄图》 《榴实图》	元代与明代的文化关联——诗书画印的内在理路
清	石涛《淮扬洁秋图》 朱耷《孤禽图》 郑燮《竹石图》 王时敏《南山积翠图》	遗民泪影（朱耷）与清音（石涛）——市井里的文骨（扬州八怪）——传统美术的总结（四王）——革“王画”的命（陈独秀）——新时代的开启

教学后记：因为课时较短，只有两课时，而且当时使用的教材机械无趣，不是将生动的艺术说活，而是将鲜活的艺术教死了，因此笔者上课完全抛弃教材，自己组织课程，将主要精力放在学生的审美体验上，并认为，欣赏作品要阐明作品整个时代的文化状态才能引发因一张画深入到时代的认识功能。笔者尽量将历史文化发展内在的理路作为线索，将作品作为点缀其上的珍珠，课程现其珠而含其线。理想的结果是学生在对历史文化理解基础上，自己做出审美判断。毕竟，一件美术作品的价值是多方面的，没有对中国传统文化脉络的理解，对作品的欣赏难免流于表面。技法的欣赏虽然做了局部分析，但是如果深入体味其中魅力还需要学生自身审美经验的积累。课程总体效果很好，很多同学课后主动与笔者交流，并希望有更多的课时来学习中国传统美术的知识。

第二课音乐欣赏（中国部分）（教案略）：

中国音乐欣赏《春江花月夜》《秦王点兵》《梁祝》等（选一）。

音乐欣赏以单曲欣赏为主，没有像绘画一样做流变分析（笔者为美术教育专业背景，在专业音乐理论上远不如对美术的理解），内容主要包括：乐曲背景介绍——乐曲结构介绍——乐曲欣赏讲解。

总体来看，音乐欣赏的效果好于美术欣赏，这与音乐自身感染性强以及学生的熟悉程度有关，并由此引发了学生对中国传统艺术审美特征的思考。

第三课昆曲欣赏（教案略）：

昆曲《牡丹亭》赏析。

昆曲是中国古代知识分子投入精力最多的综艺样式之一，它几乎集中地体现了中国古代文人的审美趣味和标准。因此，对昆曲的学习，是理解中国传统审美意象的重要途径。《牡丹亭》（片段）欣赏主要内容：古代戏曲发展简述——昆曲的形成与发展——昆曲中角色行当的划分——昆曲之美——《牡丹亭》片段赏析。

《牡丹亭》赏析在本科生中并没有获得预期的效果，由于安庆师范学院学生多为安徽地方生源，对黄梅戏有广泛接触的背景，对昆曲的样式还比较新鲜，共鸣较少，在课后的交流中，有些同学表示很喜欢，但大多数同学对昆曲并没有产生太大兴趣。但是笔者在首都师范大学给08级艺术硕士上“《牡丹亭》赏析”时，艺术硕士表现出非常大的兴趣，究其原因或有二：第一，成熟因素。艺术硕士对人生的理解深度不同，更能体会昆曲的内涵。第二，成长环境因素。艺术硕士多为70、80后，他们成长的文化环境和现代本科90后有很大差异，前者主要学习成长时间段为20世纪八九十年代，当时我国社会经济发展刚刚起步，学习环境相对简单，学习途径主要依赖阅读，因此与传统容易共鸣。后者成长学习环境主要为世纪之交的十年，学习渠道渐渐丰富，影视媒体、网络等视觉文化的影响力不断增强，因此，他们与现代综艺有更多的共鸣。

总结以上“人文社会科学基础（艺术）”中国传统审美部分教学，学生对中国传统文化有很好的接受基础，如果能够进行有效的课程内容的组织，完全可以获得良好的教学效果。笔者在教学过程中感到自己学识上的缺失，无法进行更深入有效的沟通引导，如果联系其他人文专业的老师对课程进行综合的研讨，让中国传统审美意象的研究得更有机、深入、整体再实施教学，其影响应该会大不一样，这也是一个非常值得研究的问题。

结论：通过高等师范院校“专业基础课”与“人文社会科学基础（艺术）”进行教学实践的探究，我们能够感受到，专业技法训练受技术本身规律的影响，较难实现对中国传统审美意象的深入介入，另外，专业课程的系统性决定了，要带有某种价值目的去进行技法教学必须尊重前期学生所接受的技法教学，因而这一探究必然是长期的。而在纯理论性的通识课程中，传达的效果非常良好，这和中国传统审美意象的人文价值的整体性具有重要联系。对于高等师范院校相关内容的教学，需要系统设计课程，并兼顾与其他人文课程的关联，因此，对相关课程计划的设计也应当成为这一课程教学之外需要探究的内容。

[余论]

本研究的主体其实是一个常识的再叙述，只是常识在历史演化过程中发生了变化，常识被遗忘，这个遗忘是工业文明对农耕文明的遗忘，也可以看成是西方文明对东方文明的遗忘。当我们再次回眸时，常识与当下的关系又变成一种新异，即无法对这个历史中的常识进行还原，因此，笔者期望在历史价值与现代价值之间还原寻找一条中国传统审美意象与现代的融合之路。

前一部分，笔者对常识进行了理论的梳理，主要是教什么和怎么教的理论探讨，“教什么”包括对中国传统审美意象的形式、内容的解读。“怎么教”则是包括以中国传统审美意象在美术教育中的价值为基础，怎样进行有效的教学构思。后一部分，希望通过教学实践在理论与实践之间发现问题，并能够测探，当要将中国传统审美意象价值应用到现代美术教育中，会遭遇什么样的情境和矛盾，这些都将为笔者以后继续研究提供选择和判断的依据。可以说，以上的研究只是一个起点。

一、研究中的问题与缺陷

研究源起于笔者在美术教育研究与学习中对现状的判断，在具体研究的过程中，发现了研究中的诸多困难与问题，当然，问题肯定比本人能够觉察和写下的要多得多，但是只要基本的判断是正确的、有价值的，研究就可以继续。

1. 理论研究存在的问题。在整个研究中，关于第一部分理论部分，虽然笔者对理论尽可能地进行了梳理，但是涉及的内容过于庞大，很多问题超出笔者研究的可能深度。但是为了能够将想法铺开，也就尽可能去叙述，即便出现错误，也愿意在以后的学习中再修正，而不愿意为了“正确”而逃避面临的问题。

2. 实践部分存在的问题。第一，实践部分也是因为涉及的范围太广，所做的研究欠深入。第二，学前儿童与小学阶段没有进行教学实践，这也是研究的一个欠缺。第三，问卷调查的取样样本数较少，还需要对样本进行深入的分析，才能得出更为准确的结论。第四，教学前实验的准备和假设不充分，对于传统文化的理解、表达需要经过长期准备，要在教学的整体情境下考虑学生的成长，而不能仅仅依赖于一个单元课程来解决问题。第五，在公选课“人文社会科学基础（艺术）”上课时缺乏针对性的调查，也为现在的研究留下了稍许遗憾。

3. 理论与实践之间的结合。第一，对于理论部分，研究的初衷是主要解析中国传统审美意象的内在关系，在教学操作的系统性方面衔接比较薄弱，教学实践过程中，笔者虽然以其理解进行教学实践，但是，在叙述上还是比较薄弱，未能够精准地表述给读者，其根本解决的途径仍需要进行更多、更严格的教学实践，发现问题，再提出解决的方案。第二，在整个研究过程中，需要联系更多的教学资源来综合完成实践。

二、“中国传统审美意象在美术教育中的传达”研究中的几点思考

1. 教师是中国传统审美意象美术教育传达中的关键。在当前尚不理想的教育环境下，教师是否愿意且有能力进行理想的教学传达是一个基本问题。中国

传统审美意象在美术教育中的传达涉及对中国传统审美意象的理解，涉及传达的具体知识积累与循序渐进的教学过程，这是在高等师范美术教育专业培养过程中就需要解决的问题。不仅是中国传统审美意象的传达，即使是任何一项内容的传达都需要教师完整理解传达内容。但是，现在高等师范美术教育专业，尤其是很多地方高等师范美术教育专业依然是技法为主的教学模式，忽视视觉文化发展的整体环境。这对美术教育的拓展是个现实中的阻力。

2. 大课程意识。中国传统审美意象在美术教育中的传达是以美术为中心进行的文化传达，这里面包含的是中国传统文史哲与艺术的综合解读，要把美术教育从一堂课的意思拓展开，是对一门课程的认识，再从此拓展开，是人文塑造的课程认识，因此，是一个大的课程体系。在这个体系中，以前的教学多局限于本门专业，放在一个大的课程意识中，教师不仅需要加强自身各方面知识的学习，还需要在理解其他门类人文知识的基础上，做一个好的沟通者，调动学生其他人文学科的知识经验，获得最大的教学效果。从这个层面出发，如何将其他门类人文学科有效引进美术教育的课程则是一个值得研究的课题。

3. 教育研究和教学实践的结合。即使是纯粹教育哲学的研究，也无法脱离教学实践的环节，研究者可能是专门的理论研究者，但是终究要进入到教学实践的环节，因此，在中国传统审美意象在美术教育传达的研究中，要脱离纯美学的讨论，走进课堂，在与学生的真实交流中发现问题，解决问题。这也正是陶行知所言的“教、学、做”是一件事。

4. 对教育环境和学校教育关系的把握。教育相对的成功和绝对的失败至少由三个方面共同负责：社会、家庭、学校。而决定因素恰恰是教师容易在课堂上忘却的社会环境。人文教育作为一个教育的整体，老师所传达的内容必然受到社会信息对课程的强化或者瓦解，尤其是视觉文化中的中国传统审美意象教育，教师如何在教学中将无形的社会资源借鉴到课堂并使其发生正面有效的影响，这点应当纳入每个人文学科教师自身教学研究的范围。

5. 蒙以养正。在中国传统审美意象美术教育传达中，笔者建议，过度细致的分析、分解、校正并不适合于对中国传统审美意象的理解与传达，也不宜过度关注一课、一画的成绩呈现。中国传统人文素质的养成包含心灵人格的训练，人文化育是延及人一生的教育。过度关注某一作品、某一课时的好坏，可能无意识中强化了技术意识，而人文教育重要的是培养学生对中国传统的情感，引发出学生自身的内心喜爱而主动探索。罗恩菲德认为在美术教育上，美术教师需要具备这样三个要素："（1）教师本身的人格。教师自已的创造力、感应程度，以及对于环境的适应力等都很重要；（2）教师设身处地，假想自己为别人的能力；（3）对于他所教导之对象的了解和认识。"①这个要素同样适合于中国传统审美意象在美术教育中的传达：知识上，有对中国传统审美意象的深入理解；技术上，有表现的能力；心理上，有对学生和教师自身清醒的认识，是进行中国传统审美意象传达的基本条件。孔子曰："不愤不启，不悱不发，举一隅，不以三隅反，则不复也。"②即是对教育对象的把握与教学规律把握的实践总结。在具备以上理解的基础上，"能以蒙昧隐默自养正道，乃成至圣之功"③所体现的"蒙以养正"的教学态度比量化细致的教学分析所产生的正确但无效的"研究结论"要有意义得多。

①[美]罗恩菲德．创造与心智的成长[M]．王德育，译．长沙：湖南美术出版社，1993：2.

②朱熹.四书集注·论语集注（卷四）[M]．长沙：岳麓书社，1985：95.

③此句为孔颖达对"蒙以养正，圣功也"的疏。见李学勤：《十三经注疏·周易正义》（标点本），北京大学出版社1999年版第39页。

附录1

中国传统审美意象与美术教育传达问卷（学前教育教师卷）

敬爱的老师：

您好！

美术是传达中国传统视觉文化的重要途径之一，此问卷旨在了解您在美术课教学中对中国传统视觉文化的教学状况，希望您配合我们填写这份问卷。感谢您的支持！

您所在学校______________ 主要教授的科目______________

教授的年级______________ 姓名______________ （可匿名）

你觉得在儿童教育中：

1. 传统美术应该是什么样的地位，现如今的处境如何？

2. 教学中面临的主要困难是什么？

3. 教学上有何好的建议？

4. 教学上要防止哪些偏颇（如过分强调传统导致其他儿童教育价值的减少，或者很多老师认为儿童教育中传统美术教育不重要，导致基本没有这项教学内容等）？

5. 您自己想说而以上没有列出的重要的问题。

答卷样卷：

中国传统审美意象与美术教育传达问卷（学前教育教师卷）

敬爱的老师：

您好！

美术是传达中国传统视觉文化的重要途径之一，此问卷旨在了解您在美术课教学习中对中国传统视觉文化的教学状况，希望您配合我们填写这份问卷。感谢您的支持！

您所在学校<u> 亚运村第一幼儿园 </u>　　主要教授的科目<u> 美术   </u>

教授的年级<u> 4~6 岁   </u>　　姓名______________（可匿名）

你觉得在儿童教育中：

1. 传统美术应该是什么样的地位，现如今的处境如何？

传统美术是中华五千多年灿烂文化的瑰宝，是炎黄子孙引以为傲的文化遗产。

但是在我的幼儿美术教学过程中以及我所能接触的美术教学活动中，“传统美术”处于一种“高处不胜寒”的尴尬处境。幼儿对传统艺术的兴趣并不是很浓，像国画中一些简单的动物孩子们会比较感兴趣，但是对于戏曲、诗词的兴趣并不高，但是经过老师们对有效材料的投放以及幼儿生活环境的设计，幼儿会对所要针对的“传统美术”某一方面产生浓厚的兴趣及爱好。

“传统美术”对于儿童教育有深远的意义，但是怎样把这样一种高高在上的文化真正融入幼儿美术教育活动中是一个值得思考的问题。

简而言之，我认为“传统美术”在儿童教育中处于一种“高高在上”的地位。“传统美术”要想真正让儿童接触、理解需要一个有效途径和科学方法。

我觉得“传统美术”处于一种尴尬的处境，就像一艘豪华游轮因为没有水而搁浅。

2. 教学中面临的主要困难是什么？

①儿童教育者自身的文化修养以及所处的教育环境；

②儿童的年龄特点对于“传统美术”的理解；

③儿童教育者所实施的教育方法以及对于“传统美术”的选材是否适合儿童的年龄特点。

3. 教学上有何好的建议？

我个人认为："传统美术"是一种文化精髓所在，儿童教育者在实施教育教学活动中：

①一定要对"传统美术"有很深厚的理解及文化底蕴；

②了解儿童的年龄特点以及实际能力；

③对于"传统美术"所要涉及的内容要根据儿童的年龄特点以及儿童的实际能力进行很好的取材。

④创设很好的"传统美术"氛围，让儿童有一种身临其境的感觉，在潜移默化中感受"传统美术"。

⑤开展各种适合儿童年龄特点的活动，在活动中渗透着"传统美术"。

4. 教学上要防止哪些偏见（如过分强调传统导致其他儿童教育价值的减少，或者很多老师认为儿童教育中传统美术教育不重要，导致基本没有这项教学内容等）？

我个人认为：在儿童美术教学环境中，要以是否符合儿童的年龄特点，儿童对于美术活动的开展是否有兴趣，这两点内容，开展儿童美术教育活动，用适当的方法和良好的教学环境，把传统美术和现在的儿童教学大纲巧妙地结合起来。

应防止：

①忽视儿童的年龄特点，用一样的眼光看待儿童；

②忽视实际情况，照本宣科地开展传统美术教学；

③忽视用发展的眼光看待每一个儿童，尊重儿童在接受传统美术知识方面的个体差异。

附录2

中国传统审美意象与美术教育传达问卷（小学教师卷）

敬爱的老师：

您好！

美术是传达中国传统视觉文化的重要途径之一，此问卷旨在了解您在美术课教学中对中国传统视觉文化的教学状况，希望您配合我们填写这份问卷。感谢您的支持！

您所在学校______________　　主要教授的科目______________

教授的年级______________　　姓名______________（可匿名）

1. 您对“中国传统视觉文化”在美术教育中的地位怎么看？

2. 您在教授美术课程“中国传统视觉文化”中觉得主要的困难是什么？

3. 您现在使用的主要是什么版本的教材？您觉得该教材在传统美术内容的传达上有何优缺点？有何改进建议？

4. 您觉得美术中的传统文化与其他学科对传统文化的传达之间的联系如何？您怎么看待学科间的沟通，有何具体建议？

5. 您自己有什么好的传达“中国传统视觉文化”的经验策略？

答卷样卷：

中国传统审美意象与美术教育传达问卷（小学教师卷）

敬爱的老师：

您好！

美术是传达中国传统视觉文化的重要途径之一，此问卷旨在了解您在美术课教学习中对中国传统视觉文化的教学状况，希望您配合我们填写这份问卷。感谢您的支持！

您所在学校：北京师范大学亚太实验学校　　主要教授的科目＿美术＿

教授的年级：小学阶段＿＿＿＿＿＿＿　　姓名＿＿＿＿＿＿（可匿名）

1. 您对“中国传统视觉文化”在美术教育中的地位怎么看？

传统视觉文化源于中国悠久的历史文化遗产和中华民族特有的文化个性，具有鲜明的时代、阶级和民族的特征，对中华民族历史文化传承具有重要意义。美术教育的直观性能够更好地引领学生发现传统视觉文化价值。

2. 您在教授美术课程“中国传统视觉文化”中觉得主要的困难是什么？

课程设置基本得到学生认可。由于所占比例较少，尚不能在学生头脑中留有深刻印象。此外教师专业修养不高也是主要困难之一。

3. 您现在使用的主要是什么版本的教材？您觉得该教材在传统美术内容的传达上有何优缺点？有何改进建议？

“北京市义务教育课程改革实验教材”，该教材在传统美术内容的传达上偏向于民间传统，传统并不等于民间。关键是要提炼出传统的元素，让学生从中体会传统的独特魅力。在高年级应该在体会中加入与现代元素对比的、与实际生活应用的内容。

4. 您觉得美术中的传统文化与其他学科对传统文化的传达之间的联系如何？您怎么看待学科间的沟通，有何具体建议？

培养学生的民族意识，激励他们热爱民族文化，从而使中华民族优秀的传统文化得以传承，小学阶段是最佳时期，也能取得较好的效果。学科之间的融会贯通对传统文化的传承起到很大的促进作用。

5. 您自己有什么好的传达“中国传统视觉文化”的经验策略？

我们教师应该在充分理解传统文化及艺术神韵的基础上，从传统文化中寻找美的元素和美的思想，用以和现代美相结合，才能突显传统视觉文化。具体可以进行：

①整合教材，创造传统视觉文化氛围。同年级横向整合教材；不同年级纵向整合教材，形成专题式教学。

②挖掘本体，感受传统视觉文化。

③探索传统视觉文化在各年龄段的切入点。

附录3

中国传统审美意象与美术教育传达问卷（初中教师卷）

敬爱的老师：

您好！

美术是传达中国传统视觉文化的重要途径之一，此问卷旨在了解您在美术课教学中对中国传统视觉文化的教学状况，希望您配合我们填写这份问卷。感谢您的支持！

您所在学校______________　　主要教授的科目______________

教授的年级______________　　姓名______________（可匿名）

1. 您对“中国传统视觉文化”在美术教育中的地位怎么看？

2. 您在教授美术课程“中国传统视觉文化”中觉得主要的困难是什么？

3. 您现在使用的主要是什么版本的教材？您觉得该教材在传统美术内容的传达上有何优缺点？有何改进建议？

4. 您觉得美术中的传统文化与其他学科对传统文化的传达之间的联系如何？您怎么看待学科间的沟通，有何具体建议？

5. 您自己有什么好的传达“中国传统视觉文化”的经验策略？

答卷样卷：

中国传统审美意象与美术教育传达问卷（初中教师卷）

敬爱的老师：

您好！

美术是传达中国传统视觉文化的重要途径之一，此问卷旨在了解您在美术课教学中对中国传统视觉文化的教学状况，希望您配合我们填写这份问卷。感谢您的支持！

您所在学校 安徽省安庆市白泽湖中学 主要教授的科目 美术

教授的年级 初中二年级 姓名 陈丰收 （可匿名）

1. 您对“中国传统视觉文化”在美术教育中的地位怎么看？

美术作为一种文化的学习，就应该使学生知道，传统艺术是我们祖先从昨天走向明天的进程中所留下的印记，也是我们中华民族文化的内涵之一。在教学中，中国传统视觉文化就是对本土文化和传统文化的认识与理解，就是学生对国家民族和爱国主义的认同感。没有中国传统视觉文化，就没有中国美术教育。

2. 您在教授美术课程“中国传统视觉文化”部分中觉得主要的困难是什么？

我惊讶地发现中国传统视觉文化是美术课堂上大部分学生最感兴趣的部分，尤其是经典绘画，可能是学生对于这部分天然的理解力与亲切感。以前主要的困难是上课没有课本，或者是在课堂上具体讲授时缺少高质量的图片，当然如果有多媒体教室更好，教师可以自己动手制作课件。现在上任何层次、版本的美术教材都没有困难了。

3. 您现在使用的主要是什么版本的教材？您觉得该教材在传统美术内容的传达上有何优缺点？有何改进建议？

教材大同小异，不好也不坏，主要还得依靠教师在课堂上对教材的在演绎与发挥。在多元文化教育的背景下，中国传统美术内容的确在教材上有减少的趋势，尤其是经典作品。在实际的教学中，教材还得受客观条件的诸多制约。

4. 您觉得美术中的传统文化与其他学科对传统文化的传达之间的联系如何？你怎么看待学科间的沟通，有何具体建议？

由于美术中的传统文化与其他学科既有共性又有很大的差异性，因此在选择美术教材中传统文化的学习时与文学、历史、地理、政治等其他学科有机联系不仅可以扩大学生的知识面，而且学生易于激发出灵感，迸发出情感的火花。《兰亭序》《滕王阁序》就是古代大派对，前者是一帮闲汉，后者是一群官僚；《历代帝王图》等同于今日领袖标准像；《韩熙载夜宴图》与《虞美人》前赴后继；张泽端、施耐庵都是擅长全景展示北宋社会世俗生活的“好莱坞动作片大导演”，尤其是后者的《水浒》所包含的“讲政治，讲正气，讲义气”三讲教育至今还有指导意义；《红楼梦》与八大山水一脉相承，笔点无多泪点多等。美育就应该融入我们点滴的历史与现实生活中去。在潜移默化的美育陶养中，所谓学生的审美能力、创造力、高尚的情操、坚毅的品格……真的就会在不知不觉中得到培养和升华。在乡间滚滚的麦浪中，在街头巷尾的生活情趣中，在对人生的理解感悟中，我们发现美的双眼会变得更加敏锐，我们的创作灵感会层出不穷，我们明辨是非的思想会更加犀利……

5. 您自己有什么好的传达“中国传统视觉文化”的经验策略?

唯一的经验就是上课千万不能教条，照本宣科只会让学生生厌，一定要灵活生动，寓教于乐，要激发学生去思考，使他们对传统文化产生情感上的共鸣。教师自身的文化修养、广阔的胸襟、知识面、教学经验对于课堂上成功的传达“中国传统视觉文化”至关重要，即使很差的教材，有经验的教师也能把它上的生趣盎然，学生如沐春风。

附录4

中国传统审美意象与美术教育传达问卷（初中学生卷）

亲爱的同学：

你好！

美术是传达中国传统视觉文化的重要途径之一，此问卷旨在了解你在美术课学习中对中国传统视觉文化的学习状况，希望你配合我们如实填写这份问卷。感谢你的支持！

填写说明：

1. 请注意，凡有“□”的题目，请在所选答案前的“□”画V，其他题目按要求回答。

2. 每题都有如下提示，含义分别如下。

“单选”——只能选1项。

“不限项”——几项均可。

3. 请用钢笔或圆珠笔填卷

学校__________ 年级__________ 姓名__________（可匿名）

①你对中国传统文化感兴趣吗？（单选）

A□非常感兴趣　B□一般　C□不感兴趣

请说明你选择的原因：______________________________

____

②你的中国传统视觉文化学习的来源主要是什么？（不限项）

A□受父母或亲戚的影响　B□学校教育　C□影视　D□课外阅读（包括网络）

E□其他途径（如有其他途径请写出）：

③在学校学习中，哪些课程在中国传统文化的学习中对你影响比较大？（不限项）

A□语文　B□历史　C□地理　D□政治　E□美术　F□音乐　G□其他（请写出）

其中影响最大的是：

A□语文　B□历史　C□地理　D□政治　E□美术　F□音乐　G□其他（请写出）

④你认为在对中国古代传统文化学习中，各科之间的联系如何？（单选）

A□大　B□一般　C□很小

⑤如果你觉得有联系，这些课程中关于中国传统文化的联系途径主要是：（单选）

A□老师会串通各学科知识　B□主要靠自己理解　C□两方面影响比较平均

⑥你认为影响传统文化在美术课中的传达的主要因素是什么？（不限项）

A□老师水平　B□课时安排的多少　C□其他（请填出）

⑦你认为现在美术课程中中国传统文化的内容：（单选）

A□较多　B□适中　C□偏少

⑧你觉得中国传统美术的意义有哪些？你觉得应当如何提高自己中国传统美术的修养？在这方面你对学校或者教师有什么样好的建议？

附录5

中国传统审美意象与美术教育传达问卷（高中教师卷）

敬爱的老师：

您好！

美术是传达中国传统视觉文化的重要途径之一，此问卷旨在了解您在美术课教学中对中国传统视觉文化的教学状况，希望您配合我们填写这份问卷。感谢您的支持！

您所在学校______________　　　　主要教授的科目______________

教授的年级______________　　　　姓名______________（可匿名）

1. 您对“中国传统视觉文化”在美术教育中的地位怎么看？

2. 您在教授美术课程“中国传统视觉文化”部分中觉得主要的困难是什么？

3. 您现在使用的主要是什么版本的教材？您觉得该教材在传统美术内容的传达上有何优缺点？有何改进建议？

4. 您觉得美术中的传统文化与其他学科对传统文化的传达之间的联系如何？您怎么看待学科间的沟通，有何具体建议？

5. 您自己有什么好的传达“中国传统视觉文化”的经验策略？

答卷样卷：

中国传统审美意象与美术教育传达问卷（高中教师卷）

敬爱的老师：

您好！

美术是传达中国传统视觉文化的重要途径之一，此问卷旨在了解您在美术课教学学习中对中国传统视觉文化的教学状况，希望您配合我们填写这份问卷。感谢您的支持！

您所在学校：安徽省马鞍山市当涂二中　　主要教授的科目：美术

教授的年级　高中　　姓名　任金星　（可匿名）

1. 您对中国传统视觉文化在美术教育中的地位怎么看？

中国传统视觉文化在美术教育中的地位非常重要，是现代视觉文化美术教育的基础，也是了解中国视觉文化的重要基础。

2. 您在教授美术课程中国传统视觉文化部分中觉得主要的困难是什么？

①学生在以往的美术学习中对中国传统视觉文化没有任何的了解，在知识结构上出现断层。

②在学生日常生活中，很少能接触到中国的传统视觉文化，所以学生几乎没有这方面的经验和感受。

③由于学生缺乏这方面的了解，同时很少有视觉经验的感受，所以大部分的学生对中国传统视觉文化都缺乏兴趣。

3. 您现在使用的主要是什么版本的教材？您觉得该教材在传统美术内容的传达上有何优缺点？有何改进建议？

现在使用的是人民美术出版社出版的高中美术教材。该教材在传统美术内容的传达上思路比较明晰，介绍的内容相对比较全面，但是在形式上过于保守，文字描述平淡，缺少重点，没有把传统美术经典和最动人的地方展现出来。建议：对作品的介绍在文字描述上能够深入浅出，打破以往在语言上的框架，用学生更容易接受的描述方式生动的介绍传统美术。另外，在宏观介绍传统美术的同时，更多的以学生对传统美术的兴趣为出发点，以学生日常生活为基础，将传统美术和学生当下所见所闻联系起来，积极引发学生思考，充分发挥学生学习的主观能动性。

4. 您觉得美术中的传统文化与其他学科对传统文化的传达之间的联系如何？你怎么看待学科间的沟通，有何具体建议？

中国传统文化是一个大的整体，美术是其中一个部分，在对传统文化的传达上，和其他学科的关系是相辅相成的，只有综合各方面的知识，才能更好的理解传统文化。

在教学上，学科之间的沟通是非常有必要的，不同学科之间应该经常交流，就教学最终目标达成一致。在课堂上将其他的学科和美术很好的结合起来，让学生了解综合知识，运用综合知识。

5. 您自己有什么好的传达中国传统视觉文化的经验策略？

在教学中要牢牢地抓住学生的学习兴趣，以学生为中心，用中国传统视觉文化的精髓来打动学生。从最基本的传统视觉文化形式入手，如中国传统绘画中的线，它有怎么样的特点，它带给我们怎样的视觉感受，让学生尝试着用线描绘自己的情绪，归纳其特点，然后再欣赏传统绘画作品，让学生从手到眼到心的感受，激活学生自身的情感体验，发挥其主动性。另外，大量的作品欣赏是必要的，欣赏好的、优秀的作品更是重要，选择高质量的图片供学生欣赏，让学生真正的用眼睛看到传统绘画的魅力。介绍不同时期传统绘画的背景也是需要的，在学生有了自身的视觉体验之后，对于绘画作品知识性的介绍可以加深学生对作品的心灵感受，最后再向学生适当的介绍传统绘画技巧，让学生能够依附自己的情感更好地动手描绘作品。反复的欣赏能让学生提高眼力，而动手作画则是让学生积累审美经验，从而更好的欣赏中国传统视觉文化。

附录6

中国传统审美意象与美术教育传达问卷（高中学生卷）

亲爱的同学：

你好！

美术是传达中国传统视觉文化的重要途径之一，此问卷旨在了解你在美术课学习中对中国传统视觉文化的学习状况，希望你配合我们如实填写这份问卷。感谢你的支持！

填写说明：

1. 请注意，凡有“□”的题目，请在所选答案前的“□”画V，其他题目按要求回答。

2. 每题都有如下提示，含义分别如下。

“单选”——只能选1项。

“不限项”——几项均可。

3. 请用钢笔或圆珠笔填卷

学校____________年级____________姓名____________（可匿名填写）

①你对中国传统文化感兴趣么？（单选）

A□非常感兴趣　B□一般　C□不感兴趣

请说明你选择的原因：

②你的中国传统视觉文化学习的来源主要是什么？（不限项）

A□受父母或亲戚的影响　B□学校教育　C□影视　D□课外阅读（包括网络）E□其他途径（如有其他途径请写出）：

③在学校学习中，哪些课程在中国传统文化的学习中对你影响比较大？（不限项）

A□语文　B□历史　C□地理　D□政治　E□美术　F□音乐　G□其他（请写出）

其中影响最大的是:

A□语文　B□历史　C□地理　D□政治　E□美术　F□音乐　G□其他（请写出）

④你认为在对中国古代传统文化学习中，各科之间的联系如何?（单选）

A□大　B□一般　C□很小

⑤如果你觉得有联系，这些课程中关于中国传统文化的联系途径主要是:（单选）

A□老师会串通各学科知识　B□主要靠自己理解　C□两方面影响比较平均

⑥你认为影响传统文化在美术课中的传达的主要因素是什么?（不限项）

A□老师水平　B□课时安排的多少　C□其他（请填出）

⑦你认为现在美术课程中中国传统文化的内容:（单选）

A□较多　B□适中　C□偏少

⑧你觉得中国传统美术的意义有哪些？你觉得应当如何提高自己中国传统美术的修养？在这方面你对学校或者教师有什么样好的建议?

参考文献

一、国内文献：

1. 李学勤．十三经注疏·礼记正义（标点本）[M]．北京：北京大学出版社，1999.

2. 释僧佑．出三藏记集[M]．北京：中华书局，1995.

3. 陈继儒．小窗幽记（外二种）[M]．罗立刚，校注．上海：上海古籍出版社，2000.

4. 洪应明．菜根谭[M]．袁庭栋，校注．成都：巴蜀书社，1989.

5. 计成．园冶图说[M]．济南：山东画报出版社，2003.

6. 徐渭．徐渭集[M]．北京：中华书局，1983.

7. 郭庆潘．庄子集释（中）[M]．北京：中华书局，1961.

8. 李道平．周易集解纂疏[M]．潘雨廷，点校．北京：中华书局，1994.

9. 郭若虚．图画见闻志[M]．俞剑华，注译．南京：江苏美术出版社，2007.

10. 胡道静．梦溪笔谈校证[M]．上海：上海人民出版社，2011.

11. 朱熹．四书集注·论语集注（卷四）[M]．长沙：岳麓书社，1985.

12. 般刺密帝．首楞严经[M]．惟则辑注．哈尔滨：黑龙江人民出版社，1993.

13. 慧能．六祖坛经（新版敦煌新本）[M]．杨曾文，校写．北京：宗教文化出版社，2001.

14. 张彦远．历代名画记[M]．俞剑华，注释．南京：江苏美术出版社，2007.

15. 王弼．周易注疏[M]．上海：上海古籍出版社，1989.

16. 王弼，魏源．老子道德经·老子本义[M]．上海：上海书店，1988.

17. 李学勤．十三经注疏·周易正义（标点本）[M]．北京：北京大学出版社，1999.

18. 北京大学哲学系美学教研室．中国美学史资料选编（上）[M]．北京：中华书局，1980.

19. 常锐伦，唐斌．美术学科教育学[M]．北京：人民美术出版社，2007.

20. 陈传席．中国山水画史[M]．天津：天津人民美术出版社，2001.

21. 陈从周．梓翁说园[M]．北京：北京出版社，2004.

22. 陈聆群．萧友梅音乐文集[M]．上海：上海音乐出版社，1990.

23. 辞海编辑委员会．辞海[M]．上海：上海辞书出版社，1999.

24. 于安澜．画史丛书（第一册）[M]．上海：上海人民美术出版社，1962.

25. 丁福保．历代诗话续编[M]．北京：中华书局，1983.

26. 董浩．全唐文（第490卷）[M]．北京：中华书局，1983.

27. 段炼．跨文化美术批评[M]．重庆：西南师范大学出版社，2004.
28. 冯天瑜，何晓明，周积明．中华文化史[M]．上海：上海人民出版社，1990.
29. 冯友兰．中国哲学简史[M]．赵复三，译．北京：新世界出版社，2004.
30. 葛兆光．禅宗与中国文化[M]．上海：上海人民出版社，1986.
31. 葛兆光．中国禅思想史（从6世纪到9世纪）[M]．北京：北京大学出版社，1995.
32. 葛兆光．中国思想史（卷一）[M]．上海：复旦大学出版社，1997.
33. 顾祖钊．艺术至境论[M]．天津：百花文艺出版社，1992.
34. 广东、广西、河南、湖南辞源修订组，商务印书馆编辑部．辞源（上册修订本）[M]．北京：商务印书馆，2006.
35. 广东、广西、河南、湖南辞源修订组，商务印书馆编辑部．辞源（下册修订本）[M]．北京：商务印书馆，2006.
36. 郭绍虞，罗根泽．文则・文章精义[M]．北京：人民文学出版社，1960.
37. 郭绍虞．中国历代文论选（第三册）[M]．上海：上海古籍出版社，2001.
38. 汉语大词典编辑委员会．汉语大词典（第七卷）[M]．上海：上海辞书出版社，1986.
39. 汉语大词典编辑委员会．汉语大词典（第一卷）[M]．上海：上海辞书出版社，1986.
40. 何志明，潘运告．唐五代画论[M]．长沙：湖南美术出版社，1997.
41. 黄冬富．中国美术教育史[M]．台北：师大书苑有限公司，2003.
42. 黄晖撰．论衡校释（三）[M]．北京：中华书局，2006.
43. 黄仁宇．中国大历史[M]．北京：生活・读书・新知三联书店，1997.
44. 黄壬来．艺术与人文教育[M]．台北：桂冠图书股份有限公司，2002.
45. 纪昀．四序全书1369・集部8-总集类[M]．上海：上海古籍出版社，1987.
46. 中国大百科全书出版社《简明不列颠百科全书》编辑部．简明不列颠百科全书（第9卷）[M]．北京：中国大百科全书出版社，1986.
47. 孔令伟．风尚与思潮：清末民国初中国美术史的流行观念[M]．杭州：中国美术出版社，2008.
48. 皎然．诗式校注[M]．李壮鹰，校注．北京：人民文学出版社，2003.
49. 李福顺．中国美术史（上）[M]．沈阳：辽宁美术出版社，2000.
50. 李来源，林木．中国古代画论发展史实[M]．上海：上海人民美术出版社，1997.
51. 李青．中国艺术与意象美学[M]．西安：三秦出版社，2008.
52. 李允鉌．华夏意匠[M]．天津：天津大学出版社，2005.
53. 李泽厚．美的历程[M]．天津：天津社会科学出版社，2001.
54. 梁思成．中国雕塑史[M]．天津：百花文艺出版社，2006.
55. 柳徵诒．中国文化史[M]．上海：上海古籍出版社，2003.
56. 楼鉴明，洪丕谟．历代书论选注[M]．上海：复旦大学出版社，1987.
57. 陆九渊．陆九渊集[M]．钟哲，点校．北京：中华书局，1980.
58. 罗珍．城市文化与儿童美术[M]．广州：岭南美术出版社，2010.
59. 毛礼锐，瞿菊农，邵鹤亭．中国古代教育史 [M]．北京：人民教育出版社，1979.
60. 美术课程标准研制组．普通高中美术课程标准（实验）解读[M]．南京：江苏教育出版社，2004.

61. 美术课程标准研制组．全日制义务教育中美术课程标准（实验稿）解读[M]．北京：北京师范大学出版社，2002.
62. 裴娣娜．教育研究方法导论[M]．合肥：安徽教育出版社，1995.
63. 彭吉象．中国艺术学[M]．北京：北京大学出版社，2007.
64. 钱锺书．管锥编[M]．北京：生活·新知·读书三联书店，2001.
65. 钱锺书．七缀集[M]．北京：生活·读书·新知三联书店，2002.
66. 钱锺书．谈艺录（上册）[M]．北京：生活·读书·新知三联书店，2001.
67. 任继愈．中国道教史（下卷）[M]．北京：中国社会科学出版社，2001.
68. 荣格．荣格文集[M]．冯川，译．北京：改革出版社，1997.
69. 沈宁．滕固艺术文集[M]．上海：上海人民美术出版社，2003.
70. 汤一介．佛教与中国文化[M]．北京：宗教文化出版社，1999.
71. 汤一介．儒道释与内在超越问题[M]．南昌：江西人民出版社，1991.
72. 滕守尧．回归生态的艺术教育[M]．南京：南京出版社，2008.
73. 王夫之．姜斋诗话[M]．戴鸿森，注．北京：人民文学出版社，1981.
74. 王国维．人间词话[M]．上海：上海古籍出版社，1998.
75. 王敏华．中国诗禅研究[M]．桂林：广西师范大学出版社，1997.
76. 吴梅．顾曲麈谈中国戏曲概论[M]．上海：上海古籍出版社，2000.
77. 吴新雷．中国戏曲史论[M]．南京：江苏教育出版社，1996.
78. 徐邦达．徐邦达集（一）·古书画鉴定概论[M]．北京：紫禁城出版社，2005.
79. 徐复观．中国艺术精神[M]．上海：华东师范大学出版社，2001.
80. 杨素芳，后东生．中国书法理论经典[M]．石家庄：河北人民出版社，1998.
81. 尹少淳．美术及其教育[M]．长沙：湖南美术出版社，1995.
82. 尹少淳．美术教育：理想与现实中的徜徉[M]．北京：高等教育出版社，2005.
83. 尹少淳．走进文化的美术课程[M]．重庆：西南师范大学出版社，2005.
84. 尹少淳．两岸清风·双潭映月海峡两岸研究生美术教育论文集[C]．北京：首都师范大学出版社，2010.
85. 印顺．中国禅宗史[M]．南昌：江西人民出版社，1999.
86. 余英时．士与中国文化[M]．上海：上海人民出版社，2003.
87. 俞剑华．宣和画谱[M]．南京：江苏美术出版社，2007.
88. 俞剑华．中国古代画论类编[C]．北京：人民美术出版社，1957.
89. 袁行霈．中国文学史（第二卷）[M]．北京：高等教育出版社，1999.
90. 云告．宋人画评[M]．长沙：湖南美术出版社，1999.
91. 张少康，刘兰富．中国文学理论批评发展史（上）[M]．北京：北京大学出版社，1995.
92. 张少康．中国历代文论精选二[M]．长春：时代文艺出版社，2003.
93. 张荫麟，吕思勉，蒋廷黻．中国史纲（中）[M]．西安：陕西师范大学出版社，2007.
94. 章学诚．文史通义[M]．上海：上海书店，1988.
95. 郑午昌．中国画学全史[M]．上海：上海书画出版社，1985.
96. 中国大百科全书总编辑委员会《心理学》编委会．心理学[M]．北京：中国大百科全书出版社，1991.

97. 中国大百科全书出版社编辑部．中国大百科全书（简明版）第七卷[M]．北京：中国大百科全书出版社，1995.

98. 中国大百科全书总编委会，中国大百科全书编辑部．中国大百科全书精华本（第二卷）[M]．北京：中国大百科全书出版社，2002.

99. 中国戏曲研究院．中国古典戏曲论著集成（第三册）[M]． 北京：中国戏剧出版社，1959.

100. 中华人民共和国教育部．普通高中美术课程标准（实验）[M]．北京：人民教育出版社，2001.

101. 中华人民共和国教育部．全日制义务教育美术课程标准（实验稿）[M]． 北京：人民教育出版社，2001.

102. 周振甫．文心雕龙今译[M]．北京：中华书局，1986.

103. 朱光潜．朱光潜全集（第一卷）[M]．合肥：安徽教育出版社，1987.

104. 朱光潜．朱光潜全集（第二卷）[M]．合肥：安徽教育出版社，1987.

105. 朱熹．四书集注· 论语集注（卷四）[M]．长沙：岳麓书社， 1985.

106. 宗白华．美学散步[M]．上海：世纪出版集团，1981.

107. 宗白华．宗白华全集（第一卷）[M]．合肥：安徽教育出版社，1994.

108. 宗白华．宗白华全集（第二卷）[M]．合肥：安徽教育出版社，1994.

109. 宗白华．宗白华全集（第三卷）[M]．合肥：安徽教育出版社，1994.

二、译著

110. [德]阿道夫·希尔德勃兰特．造型艺术中的形式问题[M]．潘耀昌等，译．北京：中国人民大学出版社，2004.

111. [德]奥斯瓦尔德·斯宾格勒．西方的没落（上）[M]．吴琼，译．上海：上海三联书店，2006.

112. [德]海德格尔．物[M]//孙周兴．海德格尔．海德格尔选集（下）．上海：上海三联书店，1996.

113. [德]海德格尔．存在与时间[M]．陈嘉映，王庆节，译．北京：生活·读书·新知三联书店，1987.

114. [德]黑格尔．美学[M]．朱光潜，译．北京：商务印书馆，1986.

115. [德]康德．判断力批判[M]．邓晓芒，译．北京：人民出版社，2001.

116. [德]莱辛．拉奥孔[M]．朱光潜，译．北京：人民文学出版社，1984.

117. [德]雷德侯．万物[M]．张总等，译．北京：生活·读书·新知三联书店，2005.

118. [俄]康定斯基．论艺术的精神[M]．查立，译．北京：中国社会科学出版社，1987.

119. [法]埃马努埃尔·阿纳蒂．艺术的起源[M]．刘建，译．北京：中国人民大学出版社，2007.

120. [法]雅克·德里达．论文字学[M]．汪堂家，译．上海：上海译文出版社，1999.

121. [加]泰勒．现代性之隐优[M]．程炼，译．北京：中央编译出版社，2001.

122. [美]H. G. 布洛克．现代艺术哲学[M]．滕守尧，译．成都：四川人民出版社，

1987.

123. [美] M. H. 艾布拉姆斯. 镜与灯——浪漫主义文论及批评传统 [M]. 郦稚牛, 张照进, 童庆生, 译. 北京: 北京大学出版社, 1989.

124. [美] P. 克里斯特勒. 艺术的近现代体系 [M]. 邵宏, 李本正, 译//范景中, 曹意强. 美术史与观念史Ⅱ. 南京: 南京师范大学出版社, 2001.

125. [美] 阿恩海姆. 视觉思维 [M]. 滕守尧, 译. 北京: 光明日报出版社, 1987.

126. [美] 阿瑟·C. 丹托. 艺术的终结之后 [M]. 王春辰, 译. 南京: 凤凰出版传媒集团, 2007.

127. [美] 阿瑟·艾夫兰. 西方艺术教育史 [M]. 邢莉, 常宁生, 译. 成都: 四川人民出版社, 2000.

128. [美] 艾斯纳. 儿童的知觉与视觉的发展 [M]. 张丹, 刘海英, 孙宏等, 译. 长沙: 湖南美术出版社, 1994.

129. [美] 贝蒂·艾德华. 像艺术家一样思考 [M]. 张索娃, 译. 哈尔滨: 北方文艺出版社, 2006.

130. [美] 丹尼尔·贝尔. 资本主义文化矛盾 [M]. 赵一凡等, 译. 北京: 生活·读书·新知三联书店, 1989.

131. [美] 方闻. 心印——中国书画风格与结构分析研究 [M]. 李维琨, 译. 西安: 陕西人民美术出版社, 2004.

132. [美] 高居翰. 山外山: 晚明绘画 [M]. 王嘉骥, 译. 上海: 上海书画出版社, 2003.

133. [美] 霍华德·加德纳. 多元智能 [M]. 沈致隆, 译. 北京: 新华出版社, 2003.

134. [美] 伊莱恩·皮尔·科汉. 美术, 另一种语言的学习 [M]. 尹少淳, 译编. 长沙: 湖南美术出版社, 1992.

135. [美] 鲁道夫·阿恩海姆. 艺术与视知觉 [M]. 滕守尧, 朱疆源, 译. 成都: 四川人民出版社, 2005.

136. [美] 罗恩菲德. 创造与心智的成长 [M]. 王德育, 译. 长沙: 湖南美术出版社, 1993.

137. [美] 梅雷迪斯·D. 高尔, 沃尔特·R. 博格, 乔伊斯·P. 高尔. 教育研究方法导论 [M]. 许庆豫, 译. 南京: 江苏教育出版社, 2002.

138. [美] 尼古拉斯·米尔佐夫. 视觉文化导论 [M]. 倪伟, 译. 南京: 江苏人民出版社, 2006.

139. [美] 斯塔夫里阿诺斯. 全球通史 (1500年以前的世界) [M]. 吴象婴, 梁赤民, 译. 上海: 上海社会科学出版社, 1999.

140. [美] 苏珊·朗格. 情感与形式 [M]. 刘大基, 傅志强, 周发祥, 译. 北京: 中国社会科学出版社, 1988.

141. [美] 苏珊·桑塔格. 反对阐释 [M]. 程巍, 译. 上海: 上海译文出版社, 2003.

142. [美] 谢柏柯. 西方中国绘画史研究专论 [C]. 张欣玮, 洪再辛, 龚继遂, 译//洪再辛. 海外中国画研究文选. 上海: 上海人民美术出版社, 1990.

143. [美] 伊斯雷尔·谢弗勒. 人类的潜能 [M]. 涂元玲, 石中英, 译. 上海: 华东师范大学出版社, 2006.

144. [日] 铃木大拙，[美] 佛洛姆．禅与心理分析 [M]．孟祥森，译．北京：中国民间文艺出版社出版，1986.

145. [瑞士] 海因里希 · 沃尔夫林．艺术风格学 [M]．潘耀昌，译．北京：中国人民大学出版社， 2004.

146. [瑞士] 皮亚杰等．儿童心理学 [M]．吴福元，译．北京：商务印书馆，1980.

147. [瑞士] 索绪尔．普通语言学教程 [M]．高名凯，译．北京：商务印书馆，1980.

148. [意] 贝奈戴托 · 克罗齐．历史学的理论和实际 [M]．傅任敢，译．北京：商务印书馆，1982.

149. [意] 玛利亚 · 蒙台梭利．蒙台梭利儿童教育手册 [M]．肖咏捷，译．北京：中国发展出版社，2003.

150. [英] 赫伯 · 里德．通过艺术的教育 [M]．吕廷和，译．长沙：湖南美术出版社，1993.

151. [英] 赫伯特 · 里德．艺术的真谛 [M]．王柯平，译．沈阳：辽宁人民出版社，1987.

152. [英] 阿雷恩 · 鲍尔德温等．文化研究导论 [M]．陶东风等，译．北京：高等教育出版社，2004.

153. [英] 爱德华 · 露西 · 史密斯．艺术词典 [M]．殷企平，严军，张言梦，译．北京：生活 · 读书 · 新知三联书店，2005.

154. [英] 贡布里希．艺术发展史 [M]．范景中，译．天津：天津人民美术出版社，1998.

155. [英] 柯林武德．历史的观念 [M]．何兆武，张文杰，译．北京：商务印书馆，1997.

156. [英] 雷蒙 · 威廉斯．关键词：文化与社会的词汇 [M]．刘建基，译．北京：生活 · 读书 · 新知三联书店，2005.

157. [英] 理查德 · 豪厄尔斯．视觉文化 [M]．葛红兵等，译．桂林：广西师范大学出版社，2007.

158. [英] 诺曼 · 布列逊．视觉与绘画：注视的逻辑 [M]．郭杨等，译．杭州：浙江摄影出版社，2001.

159. [英] 汤因比．历史研究（上册）[M]．曹未风，译．上海：上海人民出版社，1959.

160. 林语堂．生活的艺术 [M]．越裔汉，译．西安：陕西师范大学出版社，2003.

三、期刊文献

161. 陈瑞林．回归“术”与“艺”的起点——百年中国美术教育的回顾与思考 [J]．清华大学学报（哲学社会科学版 ），2004（2）：67-84.

162. 冯纪忠．何陋轩答客问 [J]．世界建筑导报，2008（3）：14.

163. 冯纪忠．空间转换——中国古代诗歌和方塔园的设计 [J]．世界建筑导报，2008（3）：24.

164. 靳尚谊．靳之林 [J]．中国美术馆，2007（11）：91-94.

165. 李朝．民族公祭建筑艺术赜谈——以华表功能的演化为例 [J]．华中建筑，2006（9）：131-133.

166. 鸥洋．我画水墨 [J]．国画家，1999（2）：37.

167. 鸥洋．我画意象油画 [J]．美术观察，1999（7）：16.

168. 潘立勇．朱熹人格美育的化育精神 [J]．浙江大学学报，2001（5）：32.

169. 潘立勇．宋明理学的人格美育思想及其现代意义 [J]．文艺研究 2004（1）： 64.

170. 尚辉．意象油画百年 [J]．美术，2005（6）：40-47.

171. 帅保国，张庆林．顿悟思维：意识的还是潜意识的 [J]．华东师范大学学报（教育科学版），2004（9）：52.

172. 王立民．文人油画——中国油画民族化的必然 [J]．美术研究，2008（2）：105-108.

173. 王守栋．华表渊源考 [J]．文物春秋，2006（5）：29-33.

174. 徐建融．文人画和士人画（上）[J]．国画家，2008（1）：9-12.

175. 薛永年．卷轴画史概说 [J]．新美术，1993（3）：42-44.

176. 袁运生，杜少虎．魂系中国情结东方——访谈袁运生先生 [J]．美术研究，2003（2）：37-41.

四、外文原著

177. DEBORAH CURTISS. Introduction To Visual Literacy [M]. Englewood Cliffs:Prentice Hall, 1987.

178. ERWIN PANOFSKY. Stadies in iconology [M]. New York:Harper & Row, 1939.

179. JACQUES DERRIDA. Margins of philosophy [M]. Chicago:University of Chicago Press, 1982.

180. PATRICK FUERY, KELLI FUERY. Visual Cultures and Critical Theory [M]. London:The hodder Headline Geroup, 2003.

181. RONALD CARTER, JOHN MCRAE. The Routledge History of Literature in English [M]. New York:Taylor&Francis e-Library, 2002.

后 记

本书是根据本人2010年博士论文《中国传统审美意象在美术教育中的传达》整理而成。整理之初，本想改写成相对通俗完整的解读文风，但在整理过程中，发现不如呈现原貌更为妥帖，不敢言“不悔少作”，至少留下探索这一题目的本来痕迹，以供审鉴。

当时选择这一题目，也是兴趣所在，虽多有不足，但自己完成了一个深入学习的过程，在以后的教学中，我对这一主题依然继续关注，又接触到很多优秀的中小学一线教师，他们对这一内容有着相同的志趣，更增感触。书中教学实践的薄弱和存在的问题，今天看来尤其明晰。对中国传统文化的解读，书中多“辩解”之辞，现在看来，应当更为切实地进行实践，获得更多的经验，才能做到“善者不辩”。

论文完成至今已四年光阴，我能够感受到，新课改以来中小学教师素质的变化，但原因林林总总，要想实现中国传统审美意象的教育传达，教师的整体素养还需不断提高，我主要从事本科教学，从教十五年来，本科高校在中国传统审美教育领域似乎并未见得多少进步，甚至对传统关注的风气日减，但在中小学教学中，对这一专题的课程探究成绩显著，但希望根植传统文化，则需要有系统的探究与范例，这应当成为目前高校美术师范教学应该反思的问题。

文章之末，感谢尹少淳教授一直给予的帮助，感谢重庆西南师范大学出版社给予的出版机会，感谢王正端老师、杨景罡老师和刘夏影老师为本书出版付出的辛劳。更应该感谢所有怀揣“中国梦”的同仁们对这一领域做出的奉献，中国传统审美意象的教育传达，期待与各位同仁一同踏进这桃李花径。

秦华

图书在版编目（CIP）数据

中国传统审美意象与美术教育 / 秦华著. —重庆：西南师范大学出版社, 2014.12（2021.12重印）
（新生代美术教育家书系）
ISBN 978-7-5621-7295-6

Ⅰ. ①中… Ⅱ. ①秦… Ⅲ. ①审美教育－研究 Ⅳ. ①G40-014

中国版本图书馆CIP数据核字(2014)第308093号

新生代美术教育家书系　主编：尹少淳

中国传统审美意象与美术教育

ZHONGGUO CHUANTONG SHENMEI YIXIANG YU MEISHU JIAOYU

秦华 著

责任编辑 / 王正端　杨景罡　刘夏影
整体设计 / 宋　宇　王正端
出版发行 / 西南师范大学出版社
地　　址 / 重庆市北碚区天生路2 号
邮　　编 / 400715
本社网址 / http://www.xdcbs.com
网上书店 / http://xnsfdxcbs.tmall.com
电　　话 / (023)68860895
传　　真 / (023)68208984
经　　销 / 新华书店
排　　版 / 张　艳
印　　刷 / 重庆康豪彩印有限公司
幅面尺寸 / 170mm × 240mm
印　　张 / 15
字　　数 / 253千字
版　　次 / 2018年3月 第1版
印　　次 / 2021年12月 第3次印刷
书　　号 / ISBN 978-7-5621-7295-6
定　　价 / 88.00 元

本书如有印装质量问题，请与我社读者服务部联系更换。
读者服务部电话 / (023)68252507
市场营销部电话 / (023)68868624　68253705

西南师范大学出版社美术分社欢迎赐稿。
美术分社电话 / (023)68254657　68254107